Haustiere statt Nutztiere

Alternativen zur industriellen Massentierhaltung

Heinecke Werner

© 2017
Herstellung und Verlag: BoD – Books on Demand, Norderstedt
ISBN: 9783744888387

Umschlaggestaltung: Christiane Bstock, Göppingen

Grünes Lektorat, Dr. Agnes Przewozny, Berlin

*„Wenn ich mit meiner Katze spiele
weiß ich nicht, ob sie nicht noch mehr mit mir spielt"*
Michel de Montaigne (1533-1592)

Dies Buch widme ich meinen Enkelkindern: Philipp, der noch so klein ist, dass er und seine Mutter täglich beweisen, dass wir Säugetiere sind; Matteo, der schon mit einem Jahr einer Ameise hinterher gekrabbelt ist, um zu schauen, wer es ist und wo es hin will; Benedikt bewundert die Raubvögel nachdem er mit drei auf Seite 29 des südafrikanischen Buches "Birds around us" ihre mächtigen Krallen und Schwingen entdeckt hat; Matilda spricht nicht – wie mit den Hoftieren müssen wir und sie lernen, nonverbal miteinander zu kommunizieren. Schließlich widme ich dieses Buch Isabella, die in Werden wohnt, wo sie ihre Liebe zu Pferden austoben kann.

Inhalt

Einführung

Dieses Buch handelt von den Haustieren. Das sind alle Tiere, die auf einem Bauernhof leben wie Schweine, Rinder, Geflügel oder Pferde. Seit etwa 50 Jahren hat sich für diese Tiere der Fachbegriff Nutztiere durchgesetzt, den ich ablehne. Er macht deutlich, dass es heute allein um die Produkte und Gewinne geht. Mir geht es um die Lebensgemeinschaft von Tier und Mensch auf einem Hof. Heimtiere, die zusammen mit dem Menschen eine Wohnung teilen wie Schildkröten oder Kanarienvögel, zählen nicht dazu. Man erkennt dies auch daran, dass ihre Halter für sie keine Gebühren an die landwirtschaftliche Berufsgenossenschaft zahlen. Zu den Haustieren zähle ich aber auch Hunde, Katzen, Spatzen, Schwalben oder Störche, die einen nützlichen Teil der Lebensgemeinschaft eines Hofes bilden, ohne für den direkten kommerziellen Zweck da zu sein. Auf dem Hof Heuerstubben, auf dem ich aufgewachsen bin, gehören sogar die Bienen, Regenwürmer und Karpfen dazu. Ich habe zu allen diesen Tieren eine persönliche Beziehung aufgebaut. Sie haben mich alle geprägt. Alle erfüllen für uns und die Natur wichtige Funktionen. Alle haben ihre Ansprüche an ein erfülltes Leben, auch wenn wir dies nicht immer erkennen.

Im Deutschen Tierschutzgesetz § 1 heißt es, „Zweck dieses Gesetzes ist es, aus der Verantwortung des Menschen für das Tier als Mitgeschöpf dessen Leben und Wohl zu schützen". Zurzeit wird viel über Tierrechte und Tierschutz geredet. Dabei geht es um teilweise gegensätzliche Positionen[1]. Den Tierrechtlern geht es um juristische Argumente zugunsten der Tiere. Den Tierschützern geht es um Fürsorge für einzelne, veruntreute Wesen, vor allem unter den Heimtieren. Beides hat wenig mit der bäuerlichen Praxis zu tun. Der Philosoph und Bestsellerautor David Precht hat sich ausführlich damit befasst[2]. Er hat auch mit dem Tierphilosophen Peter Singer gesprochen, der zu dem Ergebnis kommt, wir sollten uns heute ausschließlich vegan ernähren, um zu vermeiden, Tiere zu töten. Das scheint mir ethisch ehrenwert, aber nur für Wenige erstrebenswert. Es wirkt wie verbissener Purismus. Auf jeden Fall bedeutet dies eine Verarmung unserer Kultur des Zusammenlebens mit Haustieren. Diese Kultur ist Teil der Agrarkultur, die sich von der industriellen Landwirtschaft unterscheidet. Wir brauchen weiterführende, mehrheitsfähige Lösungen und Prozesse, um die verkorkste Tierhaltung, die in vielen Fällen zu einer Massentierhaltung geworden ist, wieder ins Lot zu bringen.

Konrad Lorenz und Niklas Tinbergen wurden 1973 mit dem Nobelpreis geehrt. Ihre Forschung über das Verhalten der Tiere, die Verhaltensbiologie oder Ethologie, hat sich mit diesen beiden passionierten Naturliebhabern in der Wissenschaft etabliert. Ist es Instinkt, angelerntes Wissen oder sogar strategisches Denken der Tiere, welches sie veranlasst, sich so und nicht anders zu verhalten? Insbesondere im anglophonen Sprachraum entstand eine Vielzahl von Publikationen, die sich mit dem geheimnisvollen Leben von Tieren beschäftigten. Warum haben sich die Forscher kaum mit den Haustieren, mit denen wir täglich in intensivem Kontakt sind, sondern fast ausschließlich mit Wildtieren wie Wespen, Dreizehenmöwen, Walen oder Primaten beschäftigt? Das neue, internationale Forschungsfeld „Human Animal Studies", das sich mit dem Verhältnis zwischen Mensch und Tier befasst, ist jung und wir erhoffen uns von ihm in den kommenden Jahren viele neue Erkenntnisse. Es wird von der World Organisation of Animal Health (OIE) mit Sitz in Paris, unterstützt. Neben der globalen Tiergesundheit hat sich die OIE seit 2012 auch einen „Standard Setting Process of Animal Welfare"[3] zur Aufgabe gemacht, mit dem eine Norm für den Umgang mit unseren Haustieren entwickelt werden soll. Ein Netzwerk von mehr als hundert Wissenschaftlern aus aller Welt hilft dabei. Durch die internationale Behandlung dieses allgegenwärtigen Problems, kann auch der politische Druck der deutschen Agrarlobby gemindert werden. Ein klares Ergebnis dieser Forschung der letzten dreißig Jahre liegt heute vor: Unsere Tiere können denken und fühlen. Sie pflegen vielfach ein ausgeprägtes Sozialverhalten mit ihren Artverwandten, aber auch mit dem Menschen. Sie haben eine individuelle Persönlichkeit. Diese von allen anerkannten Wissenschaftlern geforderte „evidence based results" liegen heute zu unserer Freude vor. Vielleicht können wir jetzt auch Alfred Brehms Tierleben aus den Regalen hervorkramen, dem diese wissenschaftliche Anerkennung viele Jahre verwehrt blieb.

Die auf modernen Züchtungen basierende Massentierhaltung in der heutigen Form, in der nur der Nutzen, den das Tier seinem Produzenten und uns, den Konsumenten, bietet, gesehen wird, hat zu einer Verkümmerung der mentalen Fähigkeiten vor allem unserer Schweine und Hühner geführt. Diese Haltungsform fügt Tieren großes Leid zu, sieht sie als Sache und vernachlässigt, dass auch die Haustiere eine Seele haben. Sie sind Teil der Natur und zwar jener Teil, zu dem wir selbst auch gehören und mit dem wir seit Jahrtausenden zusammen leben. Sie gehören einer eigenen Kultur an, die durch die zunehmende Urbanisierung weitgehend verloren gegangen ist. Tiere haben uns viele Jahrhunderte getragen oder gezogen, sie haben uns gewärmt und ernährt. Sie haben uns getröstet, glücklich gemacht und geführt. Sie haben oft genug unsere Persönlichkeit entscheidend geprägt. Wenn wir krank sind, können Tiere uns therapieren. Als Antidepressiva sind sie bei den Kassen leider noch nicht zugelassen. Bei den Tieren bist Du nie einsam. Sie vermitteln Dir ein starkes Gefühl für Heimat. Haustiere, vor allem die Rinder, strömen eine Ruhe aus, die wir in unserer schnellen und lauten Welt dringend brauchen. Auf all dies wollen wir nicht verzichten und uns auf die uralten Optionen der Partnerschaften zwischen Mensch und Tier besinnen und beiden Seiten Möglichkeiten erhalten, diese wieder zu leben.

Das Bundesministerium für Ernährung, Landwirtschaft und Forsten (BMEL) hat 2015 eine Richtlinie für den Tierschutz von Nutztieren herausgegeben[4]. Diese konzentriert sich noch ganz auf die Praxis der landwirtschaftlichen Tierhaltung und geht noch nicht auf das soziale und kulturelle Verhältnis zwischen Mensch und Tier ein. Dennoch, es tut sich etwas zur Verbesserung des Tierwohls in Deutschland, aber immer noch nicht genug und viel zu langsam. Die Verhältnisse der Tierhaltung in den landwirtschaftlichen Betrieben haben sich in den letzten Jahren so dramatisch verschlechtert, dass drastische Reformen nötig sind. Wir brauchen so etwas wie einen Atomausstieg aus den auf Profite angelegten Tierfabriken.

Vor fünfzig Jahren sind wir mit unseren Tieren noch ganz anders umgegangen. Sie waren Teil unseres kulturellen Reichtums und noch nicht vom Menschen weitgehend getrennt lebende Opfer der Massentierhaltung mit höchsten Leistungen an Milch, Fleisch oder größter Zahl an Eiern pro Huhn oder Ferkel pro Sau. Die Vielfalt der Rassen hat sich auf wenige Leistungsträger und spezialisierte Betriebe reduziert. Die einen machen nur auf eierlegende Hühner, die anderen nur auf Masthähnchen. Andere Betriebe erzeugen nur Ferkel, während ihre Partner nur Schweinemast betreiben und die Ferkel kaufen. Dritte halten Puten, und zwar nur Puten, und Vierte produzieren nur die kleinen Puten für jene, die nur Puten mästen. Die gnadenlose züchterische

Selektion unserer Nutztiere erzeugt züchterisch degenerierte, bedauernswerte Wesen, die keine Spielfreude, Kreativität und Lebenseifer mehr zeigen. Die freudlose industrielle Tierhaltung auf unseren Betrieben hat zu Verhältnissen geführt, die Agrarwissenschaftler und selbst Betriebsinhaber als unethisch erkennen. Der Beruf des Landwirts kann so nicht mehr attraktiv sein. Die Bauern stehen heute oft am Pranger und versuchen, sich mit hilflosen Argumenten zu verteidigen.

Über diesen dramatischen Verfall des Verhältnisses zwischen Tier und Mensch möchte ich berichten und auf die Ursachen eingehen. Das Buch soll auch ein Dokument unseres reichen, kulturellen und sozialen Lebens sein. Ich bin auf einem Holsteiner Hof groß und dort auch Landwirt geworden. Längst habe ich den Beruf gewechselt, Volkswirtschaft und Gesundheitsökonomie der Entwicklungsländer studiert. In mehr als 30 Ländern habe ich die dortige Tierhaltung kennen gelernt.

In den sechziger Jahren wurden in England als ethische Richtlinien für die Haltung von Haustieren die sogenannten „Fünf Freiheiten für Haustiere" entwickelt[5]. Sie gelten inzwischen nicht nur in Großbritannien, sondern auch für andere Staaten, die World Organisation of Animal Health (OIE) und in der Wissenschaft als wichtige Orientierung für den Umgang mit Haustieren. Diese „Fünf Freiheiten für Haustiere" umfassen:

1. <u>Freiheit von Hunger und Durst</u>: Tiere haben Zugang zu frischem Wasser und gesundem und bedarfsgerechtem Futter.
2. <u>Freiheit von haltungsbedingten Beschwerden</u>: Tiere haben eine geeignete Unterbringung wie Weide, Auslauf, geräumige Ställe, adäquate Liegeflächen etc.
3. <u>Freiheit von Schmerz, Verletzungen und Krankheiten</u>: Durch Prävention und schnelle Behandlung, Verzicht auf Amputationen, durch Verzicht auf Treibhilfen, etc.
4. <u>Freiheit zum Ausleben normaler Verhaltensmuster</u>: Die Tiere haben die Möglichkeit ihr arttypisches Normalverhalten auszuüben. Sie müssen sich freuen und das Leben genießen können.
5. <u>Freiheit von Angst und Stress</u>: Die Haltungsbedingungen der Tiere gewährleisten, dass die Tiere nicht leiden. Dazu zählen eine gute Mensch-Tier-Beziehung und Erhalt eines positiven mentalen Zustandes.

Über den Begriff Freiheit ist viel philosophiert und geschrieben worden, aber bisher im Deutschsprachigen noch nicht über die der Tiere. Freiheit ist die äußere wie innere Unabhängigkeit von Zwang. Wir sollten unseren Haustieren Freiheit gewähren und sie sollten diese sich selbst auch nehmen können. Dazu gehört Vertrauen zwischen Tier und Mensch. Die Haustiere müssen sich im Umgang mit uns und in den Rahmenbedingungen, die wir ihnen gewähren, frei fühlen. Dazu gehören schließlich auch die mentalen Fähigkeiten unserer Tiere, welche ihnen zum Teil weggezüchtet wurden. Was machbar ist, müssen Wissenschaftler, von der Tierhaltung unabhängige Fachleute, Politiker und engagierte Vertreter unserer Zivilgesellschaft definieren. Der Profit durch Verkauf von Eiern, Milch und Fleisch darf dabei nicht die Hauptorientierung bilden. Leider können sich die Haustiere selbst nicht zu diesem Prozess einer Neuorientierung äußern.

Die fünf Freiheiten für Haustiere müssen auch international gesehen werden, um neue Perspektiven zu gewinnen. Kühe in Botswana haben häufig Durst und Hunger, was bei den Rindern in Holstein nicht der Fall ist. Sie haben sich fast alle im Laufe ihres Halbwüstenlebens Verletzungen zugezogen und leiden unter Zecken und anderen Parasiten. Da die Rinder Botswanas weder in Ställen noch hinter Zäunen gehalten werden, sondern frei herumlaufen, nur sehr großzügig von Hirten bewacht, die auch die Löwen abhalten, kann man gut feststellen, dass sie keine Technopathien erleiden müssen und dass sie auch ihre Verhaltensmuster ausleben können, was bei einer Holsteiner Kuh sicher nicht ohne weiteres behauptet werden kann. Ja, die Rinder in Botswana können auch nicht frei von Angst und Stress leben. Sie bevölkern zusammen mit den Wildtieren die Kalahari und sind dabei ganz anderen Gefahren ausgesetzt als die Holsteiner Milchkuh. Weiterhin sind Angebot an Gesundheitsversorgung und der Bedarf an kurativer Versorgung in Botswana, Mali, Russland, Türkei oder Thailand, Länder, in denen ich die Tierhaltung kennenlernen konnte, völlig anders einzuschätzen als hierzulande. Die Maximen der fünf Freiheiten werden bei unseren Haustieren besonders bei Hühnern und Schweinen heute stark verletzt.

Der wissenschaftliche Beirat des BMEL stellt fest: Unsere Nutztiere leiden. Sie haben haltungsbedingte Schmerzen. Durch unsere Züchtung, vor allem die Hybridzucht, und Haltung werden sie in ihren mentalen Fähigkeiten erniedrigt und gedemütigt. Sie sind dem menschlichen

Empfinden viel ähnlicher als wir es bisher wahrgenommen haben. „Ihre Gesundheit sollte einen Zustand vollkommenen körperlichen, geistigen und sozialen Wohlbefindens und nicht allein das Fehlen von Krankheit und Gebrechen sein". Diese universelle Definition der WHO für die Menschen, möchte ich auch für das Leben der Haustiere in Anspruch nehmen. Es geht eben nicht nur darum, einzelnen Tieren und der Herde, in welcher sie leben, die oben erwähnten Freiheiten zu sichern, sondern auch im Rahmen der Züchtung dafür zu sorgen, dass sie im Sinne der WHO gesund sind und entsprechend gehalten werden. Das Konzept der Fünf Freiheiten berücksichtigt noch nicht die Folgen der modernen Züchtung.

Die Tiere, um die es hier geht, gehören bis auf die Bienen und Regenwürmer zur Gruppe der Wirbeltiere. Diese gliedern sich in die Tierarten, Säugetiere, Vögel und Fische. Da auch wir Menschen zu den Wirbeltieren zählen, sollte uns seit Darwin (1809-1882) bewusst sein, dass selbst die Fische und wir gemeinsame Urahnen haben. Bei den Säugetieren unterscheidet man unsere Haustiere in die Unpaarhufer wie die Pferde und Esel und die Paarhufer. Letztere teilt man wiederum ein in Wiederkäuer wie Rinder, Schafe, Ziegen sowie die Nicht-Wiederkäuer wozu unsere Schweine aber beispielsweise auch die Nilpferde zählen. Bei den Pferden lassen sich wieder Warm- und Kaltblüter unterscheiden. Erstere sind fürs Reiten und die Kutsche da, die anderen für die Feldarbeit und heute vielleicht noch für das Holzrücken im Wald. Bei den Rindern sollte man zwischen den Milchkühen und den Fleischkühen unterscheiden. Letztere genießen ein sehr viel befreiteres Leben als unsere Milchlieferanten. Sie dürfen von Geburt an ihre Kälber bei sich behalten und oft das ganze Jahr auf der Weide sein. Die Hühner sind die wichtigsten Vögel für uns. Bei den Fischen erwähne ich nur die Karpfen.

Alle diese Tierarten sind wiederum in verschiedene Rassen untergliedert. Der Mensch hat im Laufe der Jahrtausende seine Pferde, Rinder, Schweine und Hühner in vielen Rassen gezüchtet, die ihrerseits ganz unterschiedliche Eigenschaften und Charaktere zeigen. Vergleiche einen gemütlichen Schweizer Braunviehbullen mit einem spanischen Kampfstier oder einen dicken Rhodeländer Hahn mit einem mexikanischen Kampfhahn. Zwischen beiden Typen liegen, durch unsere Züchtung bedingt, jeweils Welten. Dies muss bei der Beurteilung der Tierfreiheiten berücksichtigt werden.

Damals: Der Ostholsteiner Hof vor sechzig Jahren

Wir hatten einen großen Bauernhof in Holstein – eigentlich ein kleiner Gutshof. Es war ein Hof mit einer großen Vielfalt von Wild- und Haustieren, eingebettet in die hügelige Landschaft, welcher die Eiszeit vor 40.000 Jahren durch ihre Gletscher Gesicht gegeben hat. Im Verlauf der Jahreszeiten wechselt die Landschaft ihre Farben, im Frühling das helle Grün, bunt getupft durch die Blüten von Wiesen, Büschen und Obstbäumen, im Frühsommer durch das leuchtende Gelb der Rapsfelder, im Hochsommer durch das fahle Gelb der Getreidefelder und im Herbst durch das Braun der Blätter. Im Winter hat der Schnee die Landschaft geweißt und still gemacht. Jedes Frühjahr überschwemmte das Schmelzwasser die Wiesen an der Trave. Ein großer See entstand bis hinüber in den Kreis Segeberg hinein, aus dem nur die eichenen Zaunpfähle hinausragten. Sobald das Wasser in die Ostsee abgeflossen war, kamen die Kiebitze zum Brüten. Deren Küken überwanden die Grassoden mit ihren ellenlangen Beinen. Sie konnten noch nicht fliegen, aber waren so schnell zu Fuß, dass wir Kinder sie nicht fangen konnten. Die Trave wurde begradigt und vertieft. Heute gibt es weder See noch Kiebitze. Dieses jahreszeitlich geprägte Leben auf dem Ostholsteiner Hof haben wir ja nicht nur als Beobachter wahrgenommen. Wir sind mit der Natur selbst eins geworden. Sie hat unsere Kindheit geprägt. Sie war Teil unseres täglichen Lebens.

Auf diesem Hof bin ich vom vierten Lebensjahr an bis hin zu meiner landwirtschaftlichen Ausbildung und zum Agraringenieur mit den Tieren groß geworden. In der Landschaft, deren Böden, Wasser, Vegetation zusammen mit dem Klima ein üppiges Habitat bildeten, haben wir, mein Bruder Jürgen und ich, auf dem Hof meiner Eltern praktisch mit allen Tieren gelebt, die es nach dem Krieg auf einem komplett ausgestatteten Bauernhof geben konnte. Meine Sozialisation mit den Tieren hat so zwei Stufen durchlaufen: Die Kindheit, während der ich die Tiere lieben gelernt habe, mit dem Vorbild des liebevollen Umgangs der Menschen mit den Tieren. Und später, ab meinem sechszehnten Lebensjahr durch den Beruf des Landwirts in Lehre, Praktikum und Studium, während derer ich mit den Tieren gearbeitet und gelebt habe. Wenn Du mit so vielen Tieren und Leuten, welche sie betreuen, zu tun hast, bekommst Du ein ganz enges Verhältnis zu ihnen und erkennst, unsere Haustiere sind wie wir. Sie haben zwei Augen, zwei Ohren, zwei Nasenlöcher und einen Mund.

Sie können sich freuen und leiden. Sie reagieren auf Dich. Sie können denken. Sie haben eine Seele wie Du selbst. Sie brauchen Freiheiten.

Meine Zeit in der Landwirtschaft fiel in die Phase des gewaltigsten Strukturwandels[6], den die deutsche und europäische Landwirtschaft in ihrer Geschichte je durchgemacht hat. Die technologischen Veränderungen setzten massiv mit dem ab den fünfziger Jahren boomenden Wirtschaftswunder ein. Ein Vollerwerbsbetrieb beschäftigte nach dem Krieg je nach Größe mehrere, oft viele Arbeitskräfte. In Heuerstubben waren es 18 ohne Saisonarbeitskräfte und Kinder - zum Sammeln von Kartoffelkäfern gab es für alle offiziell schulfrei. Heute ist ein landwirtschaftlicher Betrieb in aller Regel ein spezialisierter Ein-Mann-Betrieb. Ein Bauernhof war damals ein Wohlstandsbetrieb und geachtetes, ja beneidetes Vorbild aller. Ein Hof, der heute Vieh hat, kann Tierhaltung ohne eine industrielle Produktion im Stall, die keine Zuschauer mehr erträgt, kaum bewältigen. Der Bauer verdient in Deutschland heute durchschnittlich nur 24.000€ im Jahr. Der Kapitalismus und die Globalisierung entwickeln die Märkte weiter in Richtung noch mehr Effizienz und niedrigerer Preise für die landwirtschaftlichen Produkte, so dass die Einkommen weiter sinken. Die internationale Finanzwirtschaft mit ihren Spekulationen führt heute zu absurden Preisen für Agrarprodukte, die mit den realen Kosten und Erträgen nichts mehr zu tun haben. An der Börse für Termingeschäfte in Chicago wurde die globale Maisernte 2016 durch Spekulationsverträge mehr als 28-mal verhandelt[7]. Durch die großen Konzerne des Agrar- und Lebensmittelsektors wie Aldi, REWE und LIDL liegt uns Deutschen ganz besonders daran, dass die Nahrungsmittel billig sind. Eine Beziehung zu den Tieren, wie ich sie erlebt habe, ist unter diesen Umständen nicht mehr möglich. Der Tierphilosoph Peter Singer kommt zu dem schrecklichen Ergebnis, dass unser Kontakt zu den Tieren heute ganz überwiegend darin besteht, dass wir sie essen. Dieser dramatische Niedergang im Umgang mit unseren Haustieren und der Natur setzt uns allen zu.

Natur zum Anfassen auf Hof und Feld

Im Sommer 1945 geboren fiel meine erste Wahrnehmung meiner weiteren Umgebung mit dem Ende des Krieges zusammen. In dem großen, ostholsteinischen Gutshaus war der beharrliche Glaube an den Endsieg noch nicht ganz verstummt. Es konnte ja nicht sein, dass alles woran wir geglaubt hatten, nun verloren sein sollte. Unterdes kamen die ersten Flüchtlingstrecks mit ihren Pferden auf den Hof und baten um Bleibe. Meine Mutter, Haus- und Hofherrin, nahm auf, wen und was sie unterbringen konnte. Mein Vater war in russische Kriegsgefangenschaft geraten und kam erst 1954, mager und voller Hoffnung auf seine Familie und den schönen Hof, im Lager Friedland an. Meine Mutter konnte ab 1945 insgesamt 42 Flüchtlinge in ihrem Haus und auf dem Hof mit seinen vielen Gebäuden aufnehmen, was eine Verdoppelung seiner Bewohner bedeutete. Die Familie von Stackelberg aus Ostpreuß
en kam mit 30 Trakehnern und bat um Obdach. Es gab nicht genügend Weide und Heu für die Tiere. Die Pferde waren während der paar Tage ihres Aufenthaltes am Zaun des Bullenhags gegenüber des Herrenhauses angebunden. Die 120 Beine, dicht an dicht rund um den Hag mit dem Bullen darin, haben mir aus meiner noch geringen Augenhöhe eines Vierjährigen großen Eindruck gemacht. Ein Fohlen, welches frei laufen konnte, sich aber dicht bei der Mutter hielt, fand ich besonders niedlich und bedauerte, es nicht streicheln zu dürfen. Zwei englische Offiziere, die sich als Besatzungsmacht vorstellten, waren begeistert von den edlen, wenn auch vom langen Treck abgemagerten Tieren und requirierten sie für die britische Krone. Der eine von ihnen, ein Ornithologe, lobte die reiche Vogelwelt der Landschaft und nannte sie „Important Bird Area (IBA)".

Die traditionelle Bewirtschaftung landwirtschaftlicher Betriebe war in den vierziger und fünfziger Jahren noch von großer Vielfalt geprägt. Dies spiegelt sich in meinen Kindheitserfahrungen aus dieser Zeit. Wenn für die Tiere in Feld, Wiese und Wald der lange, entbehrungsreiche Winter vorbei war, schienen sie blind vor Frühling und Liebe. Die Hasen tobten umeinander. Einer von ihnen wäre dabei fast vom Habicht geschnappt worden, wäre er nicht so akrobatisch im Hakenschlagen gewesen. Die Kaninchen im Wäldchen hinter dem Park des Gutshauses lagen vor ihrem Bau und sonnten sich alle Viere von sich gestreckt, die Kleinen im

Bau sicher und versorgt. Die Rehe, wählerische Tiere, fraßen schon seit März die ersten Knospen. In einer der alten Ulmen im Park hatten Eichhörnchen ihren Kobel gebaut und erwarteten Nachwuchs.

Die meisten Vögel des Hofes hatten ihre Nester gebaut und brüteten oder zogen ihre Jungen schon groß. Einige, wie die Spatzen und Schwalben, ziehen es vor, dort ihre Familien zu gründen, wo der Mensch Gebäude hingestellt hat. In Heuerstubben bevölkerten sie alle Ställe und sorgten mit ihrem Geschwätz und ihrer Betriebsamkeit für Unterhaltung. Die Störche thronten höher als alle anderen auf einem Wagenrad auf dem First der Haferscheune, welches vor Jahren dort einmal für sie montiert worden war. Ein Dohlenpaar nistete auf dem drei Meter hohen Schornstein des Hauses, aus dem damals noch die Räucherkammer entlüftet wurde. Diese Kleinsten unter den Rabenvögeln lieben es, in aufgelassenen Gemäuern zu hausen. Das laute, liederliche Spatzenvolk hatte schlampige Nester im wilden Wein unterm Dach des Herrenhauses gebaut. Überall waren die Sperlinge zu sehen und zu hören. Stare hatten in den letzten Jahren den Spatzen zunehmend Nistplätze auf dem Hof streitig gemacht. Doch das Schimpfen der Spatzen nützte nicht viel. Sie hatten Heuerstubben seit einigen Jahren besonders lieb gewonnen. Im Park des Gutshauses standen fünf riesige Kirschbäume, deren Früchte im Juni reiften, der Jahreszeit, in der die jungen Stare schon mitfliegen können.

Das Schleiereulenpaar war letztes Jahr vom Jungviehstall unters Dach des Kuhstalles gezogen und kümmerte sich gemeinsam um die zwei Jungen. Beide Eltern kamen ihrer Brutpflege nach und lösten einander ab. An einem Nachmittag auf dem Heuboden fand ich ein Junges, welches aus dem Nest gefallen war. Aus Angst vor mir hatte es sich auf den Rücken gelegt und streckte mir schnarrend seinen geöffneten Schnabel und beide Krallenfüße entgegen. Raubvögel können sich wehren. Die anderen Vögel ducken sich oder fliegen weg. Vor dem Kuhstall auf dem Kopfstein gepflasterten Gang und dem breiten Misthaufen, der sich über die gesamte Länge des Kuhstalles erstreckte, liefen und wippten mehrere Bachstelzen, in Holstein auch Wippsterz oder Ackermännchen genannt. Sie waren vor dem langen Kriegswinter nach Afrika geflohen, aber schon im März zurückgekommen. Ständig wippend und rufend, scheinen sie immer auf Achse und jagen nach Insekten, Spinnen und kleinen Käfern. Dort auf dem Mist, wo sie sich die meiste Zeit des Tages aufhielten, richtete sich mit großer Beharrlichkeit jedes

Jahr auch ein Wespenschwarm ein, der darauf wartete, dass im Obstgarten hinterm Kuhstall die Früchte reif wurden.

Auf dem Schulweg nach Gnissau haben wir Kinder uns einen Sport daraus gemacht, wer bis zur Schule den größten Käfer findet, den Neuntöter auf die Dornen der Schlehenbüsche in den Knicks entlang unseres Weges gespießt hatten. Dabei erschreckte uns bisweilen das laute Knarzen eines Laubfrosches, der bei gutem Wetter hoch in die Büsche stieg. Im Frühling auf dem Rückweg von der Schule hatten es uns die Maikäfer angetan. Wir steckten die braunen Viecher mit ihren unglaublich starken Beinen in mitgeschleppte Schachteln oder wickelten sie, wenn wir diese vergessen hatten, einfach in ein Taschentuch und steckten sie in die Schultasche. Zuhause bauten wir ihnen kleine Terrarien oder, wenn die Käfer massenweise auftraten, sammelten wir sie in Eimern mit Deckel, überbrühten sie mit heißem Wasser und verfütterten sie an die Hühner. Das Eigelb der Eier war dann tags darauf tief gelb. Hast Du damals als Schuljunge versucht, in Deiner kleinen Faust einen Maikäfer solange zu halten, bis sich der Lehrer endlich abwandte und Du das strampelnde Viech im Klassenraum fliegen lassen konntest? Mit ihren sechs Beinen sind sie so stark, dass Du es kaum aushältst. In einer unvergessenen, romantischen Nacht an der Ostsee hatten wir Scharen von Maikäfern weit in die Lübecker Bucht direkt in den Mond fliegen sehen. Am andern Morgen hatten die Wellen den Strand mit tausenden ertrunkenen Käfern übersät. Kennst Du die Geschichte von Peterchens Mondfahrt? Sie erzählt von Peter und Anneliese, die den Maikäfer, Herrn Sumsemann, auf seiner Reise zum Mond begleiten. Er hatte sein sechstes Bein verloren und wollte es dort wiederfinden. Mit den vielen Tiergeschichten, die uns vorgelesen wurden, begann auch die Liebe zu den Tieren um uns herum, die ja alle noch präsent waren.

Auf den Feldern vor dem Hof, mitten im endlosen Grün der Saatreihen von Weizen und Gerste, brüteten die Lerchen in ihren flachen Nestern auf dem Boden. Ein paar Meter weiter taten Rebhühner das Gleiche. Am Rande des Knicks zum Hundehörn hütete eine Fasanenhenne ihr Gelege. Sie bangte ständig, dass Reineke der Fuchs es entdecken könnte oder auch Grimbart der Dachs, der seinen Bau tief in die Böschung des trockenen Grabens im Hundehörn, dem Buchenwald gegenüber dem Hof, gegraben hatte. Er pflegte nur nachts zu erscheinen. In Garten und Park des Gutshauses wimmelte es von verschiedensten Nestern. Amseln, Meisen, Rotkehlchen, Buchfinken, Haus- und Gartenrotschwänze, ein paar schüchterne Zaunkönige und die emsigen Mönchsgrasmücken, die sich lieber im Schatten aufhalten, alle hatten ihre Nistplätze gefunden und unterhielten die brütenden Partner mit vielfältigstem, herrlichstem Gesang in den Morgen- und Abendstunden. Irgendwo im Park hatten auch die Kirschkernbeißer mit ihren kräftigen Kegelschnäbeln ein Nest gebaut. Nur die Fichtenkreuzschnäbel in den Koniferen am Pferdestall auf der anderen Seite des Hofes wuselten durch die Nadeln und dachten nicht mehr an das Brüten. Die Erfahrung hatte sie gelehrt, im eiskalten Winter zu brüten, weil es dann die meisten Fichtensamen gibt. Mit ihren gekreuzten Schnäbeln hobelten sie die noch geschlossenen Zapfen der hinter dem Pferdestall stehenden Lärchen und Fichten auf und gelangten so an die Samen, noch bevor diese herunterfallen konnten.

Ziemlich früh im Jahr kam auch der Kuckuck aus dem Süden zurück. Er genoss unter den Tieren, vor allem den Vögeln, einen miserablen Ruf. Nicht nur war er mit seinen ewigen, lauten Rufen lästig, er war auch noch faul. Er baute keine eigenen Nester. Die Ringeltauben im Wäldchen hatten ihre flachen, armseligen Nester aus dürren Zweiglein in die höchsten Parkbäume gebaut. Während sie brütete, saß der Täuber auf dem höchsten Wipfel Richtung Sonne und gurrte so beruhigend und friedlich in die untergehende Abendsonne hinein, dass keines der Tiere des Hofes je auf den Gedanken gekommen wäre, dass dieses Paradies schon in den nächsten Jahrzehnten durch den technischen Fortschritt, die Agrarpolitik und unsere Gier nach billigen Nahrungsmitteln, auf immer zerstört werden sollte.

Die blühenden Rapsfelder Schleswig-Holsteins im Frühjahr gelten als prägendes Landschaftsmerkmal. Ein paar Wochen danach, ich war in meinem zweiten landwirtschaftlichen Lehrjahr, habe ich den halbreifen Raps mit Schlepper und Gerät in Schwad gelegt. Das war damals das Verfahren, um die vollreifen Rapsschoten davor zu bewahren, aufzuspringen und die kleinen, schwarzen Samen herausfallen zu lassen. Im liegenden Schwad kann der Raps ausreifen und wird dann von der Walze des Mähdreschers sanft aufgenommen und ausgedroschen. Heute haben Fachleute den Raps so weit gezüchtet, dass die Schoten nicht mehr aufspringen. Die Mahd fand auf dem großen Schlag vor dem Hof statt, der neben ein paar Kuppen eine große Senke hatte, auf der der Raps der Feuchtigkeit im Boden wegen viel dürftiger stand. Hier hatte ein Reh sein Kitz gesetzt und ich bin mit dem Mähmesser drauf gefahren. Jedem Kitz wird von der Mutter eingeprägt: Rühr Dich nicht, egal was kommt, bleib liegen. Selbst Füchse würden ein Rehkitz nicht wittern, wenn sie 2 Meter vom Kitz vorbeischnüren. Mein Schnitt erfolgte etwa 12 cm oberhalb des Bodens. Das Kitz hätte sich, wie sie es normalerweise tun, ganz flach auf den Boden ducken können. Es wäre von den Mähmessern nicht erfasst worden. Der Lärm der Maschine hatte es aber in Panik aufgeschreckt und ich habe dem kleinen Tier ein Bein abgefahren, ein traumatisches Erlebnis, welches mich bis heute beschäftigt. Es ist, wie wenn Du als Autofahrer einen Unfall mit Personenschaden verursachst. Rebhühner, Fasane oder Hühner sind Nestflüchter, die ihren Müttern schon kurz nach dem Schlupf folgen. Eines der schönsten Hoferlebnisse ist es zu sehen, wie die Küken hinter den Glucken herlaufen oder sich in deren wärmenden Federkleid verstecken. Rehe verfolgen andere Überlebensstrategien. Schade, dass auch die Hühner heute nicht mehr die Freiheit haben, im Kuschelkontakt zwischen Küken und Henne groß zu werden. Sie schlüpfen alle als Waisenkinder im Brutschrank.

Mein zweites, landwirtschaftliches Lehrjahr begann ich in Heuerstubben und wurde von den erfahrenen Kollegen mit den typischen Ritualen in den Beruf und die Gemeinschaft der Beschäftigten auf dem Hof eingeführt. Der Kutscher Petersen beauftragte mich, den Steinhobel vom Hufschmied am Heckkaten zu holen. Dort hin waren es zwei Kilometer Fußweg und wieder zurück. Auf dem Hinweg beschäftigte mich ein Liebeskummer, der rührend von mehreren Goldammern, die in den Knicks links und rechts der Straße lebten, besungen wurde. Diese melancholischen Sänger tragen ein goldgelbes Federkleid mit fein abgestimmten Brauntönen, eine echte Goldfarbe, kein blinkendes Blendwerk wie bei den Kanarienvögeln. Den Gesang der Ammern übersetzt der Volksmund mit „Wie, wie hab' ich Dich lieb". Er tröstet und hilft enorm in Liebesdingen. Kurzum, ich war wieder besseren Mutes, als ich beim Schmied eintraf und ihm mit männlicher Landwirtsstimme mitteilte, ich solle den Steinhobel abholen. Der Mann wusste sofort Bescheid, überlegte kurz und gab mir einen alten Pferdeschwengel und viele Grüße mit auf den Weg nach Heuerstubben. Das Ding war schwer, ich musste viele Male absetzen, bis ich Petersen den ‚Steinhobel' übergeben konnte. Der lachte mich aus: Einen Steinhobel gibt es nicht! Ich hätte noch viel zu lernen.

Der Frühling, in dem die Natur ihre ganze Macht demonstriert, war damals ein Fest der Farben, ein Fest der Düfte, noch stärker aber ein Fest der Tier- und vor allem der Vogelstimmen. Der NABU, der Naturschutzbund Deutschlands, stellt heute fest, „der stumme Frühling ist da. Erst sterben die Insekten, dann die Vögel und Säugetiere[8]". In unserer Kulturlandschaft stimmt diese Reihenfolge nicht ganz. Nachdem bei uns die Haustiere, die Pferde, Schweine, Hühner und Kühe abgeschafft wurden, verloren Myriaden von Fliegen, Mücken, Käfern und anderen Kerbtieren in Heuerstubben ihre Lebensgrundlagen. Wir haben dies vor allem am Aussterben der Fliegen, die zahlreicher als alle anderen Tiere unseren Hof bevölkerten, bemerkt. Da hatten die Insektenfresser unter den Vögeln nichts mehr zu fressen. Nachdem der Schlepper die Pferde abgelöst hatte und der Mähdrescher das Einfahren des Korns und das Dreschen im Winter erübrigte, zogen auch unsere Spatzen weg. Davor war der Hof ein Paradies für alle, Haus- wie Wildtiere gewesen.

Haustier-Pädagogik

Was die Trümmerfrauen in den Städten in den Jahren nach dem Krieg geleistet haben, ist viel gerühmt worden. Die Frauen auf dem Lande, die Flüchtlingsfrauen und alle anderen haben, besser als ihre Männer, kreativer, anpackender und ohne auf Status oder Funktion zu achten, Enormes geleistet und verdienen gleichen Ruhm. Dies galt auch für die Frauen in Heuerstubben. Sie haben Aristokratisches aufgeschoben oder ganz abgelegt, die Gummistiefel angezogen und sich vor keiner Miste gescheut. Am 12. September 1944 wurde das Haus der Schwester meiner Mutter in Darmstadt durch einen Bombenangriff zerstört und sie zog mit ihren beiden Töchtern zu uns nach Heuerstubben. Unsere Tante Lena war Hauswirtschaftsmeisterin und für ihre Schwester, gelernte Kinderkrankenschwester, für Hof und Garten und alle Kinder ein Segen. Zusammen mit dem Verwalter bemühten sich die Schwestern und alle anderen Flüchtlingsfrauen, die im Haus und auf dem Hof lebten, Ernährung und Kleidung für die Familie und Flüchtlinge sicher zu stellen. Gleich hinterm Hof auf der Weide wurde ein Flüchtlingsgarten eingerichtet. Die vielen Frauen im Haus hatten Zeit und sammelten Pilze, Haselnüsse, Bucheckern oder Holunderbeeren. Alle Stacheldrahtzäune der Umgebung wurden nach Schafwollresten abgesucht. Es wurde gesponnen und gestrickt, um die Kinder für den Winter warm zu halten. Meine Großmutter Gertrud setze ihren alten Webstuhl wieder in Gang. Dann kam das Milchschaf, Vera, mit ihren zwei kleinen Lämmern nach Heuerstubben und durfte von uns Kindern am Strick auf den Rasenflächen des Gartens ausgeführt und sogar gemolken werden. Die meiste Milch bekamen aber die beiden Lämmer. Sogar unser großer ungarischer Hirtenhund, Paytas, wurde geschoren, um aus der Wolle für uns Kinder Socken zu stricken. Die Strümpfe juckten uns jedoch so sehr, dass diese Idee der Tante schnell wieder vergessen wurde. Häkeln und Stricken lernten auch die Jungen im Haus. An den schönen Winterabenden wurden uns Grimms und Andersens Märchen vorgelesen. Selma Lagerlöffs Geschichte von Nils Holgersson und den Gänsen beflügelte mächtig meine Phantasie und in meinen Träumen konnte ich schwerelos fliegen. Der Ruf der Wildgänse, die regelmäßig hoch am Himmel rufend in ihrer Kette über Heuerstubben hinweg gen Dänemark und Schweden flogen, weckte die Sehnsucht in mir, dort auch einmal hinzukommen. Im Frühjahr bekam jedes der Kinder einen eigenen, kleinen Garten im Schatten der großen Ulmen zwischen Hausgarten und Weide zugewiesen. Wir pflanzten alles Mögliche, aber hauptsächlich Blumen. Unsere Mutter achtete darauf, dass wir immer auch einen Komposthaufen anlegten, in dem wir dann die Regenwürmer, die Heinzelmännchen der Erde, beobachten konnten.

Das erste Weihnachtsfest ohne Krieg war auch in Heuerstubben etwas Besonderes. Die vielen Frauen und Kinder begannen schon vier Wochen vorher mit den Vorbereitungen. Am Tag vor dem Heiligen Abend war der erste Schnee gefallen und hatte den Hof der Tiere in dünnes Weiß getaucht. Damals fiel viel, sehr viel mehr Schnee als heute. Gegen sieben Uhr abends war das Fest der Geburt Christi in der Kirche in Gnissau beendet. Wir fuhren in Decken gepackt mit der Kutsche zurück zum Hof, wo sich alle erwartungsvoll unter dem großen Weihnachtsbaum vor den beiden dorischen Säulen in der Halle versammelten. Vor der eigentlichen Bescherung galt es, zunächst den Tieren des Hofes fröhliche Weihnachten zu wünschen. Alle Kinder bekamen Kerzen und wanderten mit den Erwachsenen des Hauses zunächst in den Garten. Längst war es dunkel geworden. Die Kerzen wurden auf die kleine Tanne, die gleich neben dem Gartenhäuschen stand, gesteckt und alle stellten sich im Kreis drum herum und sangen „Oh du fröhliche, oh du selige, gnadenbringende Weihnachtszeit". Dies erste Lied galt den armen Tieren aus Feld und Wald, die trotz hartem Winter nicht in den Stall durften. Die Kerzen wurden wieder eingesammelt und es ging hinter der Zuckerscheune und am Gewächshaus vorbei zum Kuhstall. Fast alle Kühe lagen bräsig auf ihren Plätzen und viele käuten wieder. Eine große Ruhe geht von diesem Geschäft aus. Etwas kleiner als ein Tennisball kommt aus dem Netzmagen ein kleiner Ballen gefressenen Heus oder Silage den Schlund hinauf gerutscht und wird gemächlich zwischen den breiten Backenzähnen noch einmal klein gekaut. Die Kühe produzieren dabei viel Speichel und mahlen ihre Kiefer seitwärts hin und her. Ihre Zungen haben nun ein zweites Mal das Vergnügen, den guten Geschmack des Futters zu genießen. Jürgen, mein Bruder, war ganz neidisch, dass Menschen dies Privileg, zwei Mal zu essen ohne doppelte Nahrung zu sich zu nehmen, nicht hatten. Den Kühen wurden alle drei Strophen „Es ist ein Ros' entsprungen" vorgesungen. Jetzt ging es weiter zum Schweinestall. Auch hier war bereits nächtliche Ruhe eingekehrt. Besonders die Mastschweine lagen alle schlafend auf der Seite. Schweine lassen sich eher stören und wollen von jedem Besucher wissen, wer er ist, was er eigentlich will. Nachdem das Licht angemacht wurde und die lange Reihe der Weihnachtsbesucher den Gang vor den Boxen leise betreten hatte, richteten sich einzelne Schweine in Hockstellung auf und guckten mit ihren kleinen Äugelein die Gäste ganz genau an. Einige von ihnen setzten sich dafür auf alle vier Pfoten oder standen dafür sogar auf und kamen interessiert grunzend nach vorn zum Gang. Den Schweinen wurde das Lied, „Ihr Kinderlein kommet, ach kommet doch all" gesungen, aber nur zwei Strophen. Jetzt blieb noch der Pferdestall auf der anderen Seite des Hofes. Da roch es am schönsten. Pferde, so kam es meinem Bruder vor, schlafen kaum. Immer wenn er in den Stall kam, waren sie schon wach und schauten willkommen heißend zu ihm. Pferde sind aufmerksame Haustiere. Sie schauen Dich nicht nur an, sie lauschen Dir auch mit gespitzten Ohren entgegen. Eine so große Gruppe Besucher hatte jedoch keines der zwölf Pferde erwartet. Jedes bekam ein Stück Würfelzucker und es wurde „Macht hoch die Tür, das Tor macht weit" mit großer Inbrunst in allen Strophen den Pferden vorgesungen. Die waren anfangs ein wenig überrascht, ja beunruhigt und konnten sich den weihnachtlichen Sinn dieser Aufführung nicht recht erklären. Der Besuch im Hühnerstall wurde in diesem Jahr wieder ausgelassen, weil man das Federvieh, welches nachts sehr schreckhaft ist, und gleich glaubt, um sein Leben fürchten zu müssen, zum Fest des Friedens nicht in Aufregung versetzen wollte. Auch der Gänsestall wurde nicht besucht. Bis auf die beiden alten Gänse, die im kommenden Frühjahr wieder ihre Gössel aufziehen sollten, war der Stall leer. Es war die Zeit nach Martini, eine Jahreszeit, die auch im protestantischen Norden jährlich viele Gänse das Leben kostet. So wurde auf dem Hof der Tiere das weihnachtliche Fest des Friedens zusammen mit den Tieren gefeiert, mit viel Dank im Herzen und dem guten Gefühl, zu einer großen Familie zu gehören. So wurden wir schon in Kindertagen zu Verantwortung, Respekt und Dankbarkeit für unsere Haustiere erzogen. Einen der heutigen industriellen Schweine- oder Geflügelställe einfach so ohne Desinfektion und Schutzanzug zu betreten oder gar einfach mit einem Trupp von acht Kindern zum Weihnachtsliedersingen aufzutauchen, scheint undenkbar.

Mit Pferden, Kühen und Schweinen machte ich als kleiner Junge durch unsere Deputatarbeiter erste Bekanntschaft. Peter Petersen war für die Pferde zuständig. Heinz Hüttmann für die Kühe und Julius Dohms für die Schweine. Insgesamt gab es neun Deputatarbeiterstellen in Heuerstubben. Drei hatten ihre Katen auf dem Hof, vier im zwei Kilometer entfernten Gnissau und zwei in der Langen Reihe, die heute von Schwester Thekla und ihrem Mann bewohnt wird. Zu dem Naturaldeputat dieser „Leute" gehörte die Wohnkate, ein Stall mit einer Kuh und mindestens zwei Schweinen und etlichen Hühnern. Hinzu kamen Naturallieferungen vom Hof, Stroh zur Einstreu, Heu und Runkelrüben für das Vieh, Weizenmehl zum Backen von der Hofmühle sowie Holz, vor allem Buschholz, zum Heizen. Die Milch der Deputatskühe wurde mit der Milch vom Hof zur Molkerei nach Gnissau gefahren und gesondert abgerechnet. Morgens in der Früh und nach Feierabend, also nach einem achtstündigen Arbeitstag auf dem Hof, versorgten die Deputatarbeiter und ihre Frauen ihre eigenen kleinen Wirtschaften. Diese Form der Beschäftigung hatte sich auf den ostholsteinischen Gütern Mitte des 19. Jahrhunderts etabliert und galt als Privileg. Der Wochenlohn, den ich als Sechsjähriger schon austragen durfte, war im Vergleich zu dieser Naturalentlohnung nur ein winziger Zusatzverdienst. Auf Bitten von Rudi Wardin, Schwiegersohn eines unserer letzten Deputatarbeiter, habe ich ihm für seine Rentenversicherung eine Aufstellung über die Naturalentlohnung, das Deputat, gemacht, die darauf die Rente seiner Familie erheblich steigerte. Die vor allem saisonal engagierten Tagelöhner, die pro Stunde ein paar Groschen mehr ausbezahlt bekamen, waren dagegen besonders nach dem Krieg viel schlechter dran. Es waren vor allem die Deputatarbeiter, Petersen, Doms, Römke oder Wardin, die in mir die Liebe zu den Tieren gelegt haben. Sie waren, des fehlenden Vaters wegen, die Vorbilder meiner Kindheit. Der technische Fortschritt in der Landwirtschaft machte alle diese Landarbeiter, mit den Saisonarbeitskräften waren es nach dem Krieg oft über zwanzig, arbeitslos. Sie wurden durch Maschinen ersetzt. Brauchte es früher mehr als ein Dutzend Arbeitskräfte für die Bewirtschaftung von 150 Hektar und dem entsprechenden Vieh dazu, so kann heute diese Fläche ohne Probleme von einer Person und ihren Maschinen erledigt werden. Die Erhaltung von Arbeitsplätzen spielte in der Agrarpolitik, die mehr Subventionen zur Verfügung hat als jeder andere Wirtschaftssektor in Deutschland, leider bisher keine Rolle.

Der Weißstorch, unser Heimatvogel

Pünktlich zum 1. April 1947 landete der Storch (*Ciconia ciconia*) auf seinem Nest auf dem Dach der Haferscheune und wartete mehrere Tage auf seine Frau. Alle schauten erwartungsvoll hinauf zu ihm und wunderten sich, dass sich der Vogel nicht bewegte. Frau von Weiss, Vertriebene aus dem Baltikum, die bei uns untergekommen war, meinte wehmütig, der Storch hätte auch einen langen Treck hinter sich und warte nun auf die Familie. Das Ganze entpuppte sich jedoch als Aprilscherz unserer Tante Lena, die einen jungen Burschen vom Hof gebeten hatte, den von ihr mit Kopfkissen und Federn präparierten Vogel auf das Dach zu montieren. Jahrelang gehörte die wirkliche Storchenfamilie zum festen Bestandteil des sommerlichen Lebens auf dem Hof. Ihre Ankunft wurde gefeiert. Das Klappern des Storchenpaares auf dem Nest war ein vertrautes Geräusch, welches keiner missen wollte.

Charles Darwin hat mit seiner Evolutionstheorie erklärt, warum wir Menschen und die Störche Störche geworden sind. Bei diesen herrlichen Vögeln lässt sich vorstellen, dass die Evolution von den Lebewesen selbst gemacht wurde und nicht etwa von irgendwo her über sie gekommen ist, weil sich die Umweltbedingungen geändert haben. Auch Störche haben Stimmbänder und hätten sich ja irgendwann darauf einigen können, diese für ihr Rufen oder ihr Singen untereinander zu nutzen. Nein, sie haben darauf verzichtet und irgendwann einmal entschieden, sich untereinander durch Klappern mit den Schnäbeln zu verständigen. Oder waren es Instinkte? Ungeachtet dessen, ob Du es nun Instinkt oder bewusstes Handeln nennst, gehe ich davon aus, dass sich der Weißstorch etwas dabei denkt, wenn er klappert. Er tut dies ja nicht nur im Frühjahr, sondern führt auch den ganzen Sommer ein andauerndes Gespräch mit seiner Störchin und den Jungen. Es handelt sich also um Storchenkommunikation, den Austausch von Information, und darüber hinaus sicher auch um den Ausdruck von Empfindungen und Lebensfreude. Auf dem Dach stehend freut sich der Storch seiner Freiheit. Hat der Storch etwas besonders Wichtiges mitzuteilen, legt er seinen Kopf weit in den Nacken über den Rücken und klappert. Wenn die beiden Störche auf ihrem Nest ad hoc beginnen, gemeinsam oder abwechselnd zu klappern spürst Du, dass sich das Paar miteinander unterhält, sich gegenseitig bestätigt und ihrer Freude an der Heimat und Familie – die Jungvögel hören zufrieden dabei zu – freien Lauf lassen. Es ist ein intensiver Dialog der da oben stattfindet, der ansteckend wirkt. Sicher mag dabei auch Imponiergehabe dabei sein, vielleicht abgeschaut von den Kranichen, die während ihrer Balzzeit königliche Tänze aufführen.

Das echte Storchenpaar auf dem Dach der Haferscheune war aus Mali zurückgekehrt, wie ein Ornithologe in Bamako am Ring festgestellt hatte. Sie hatten die Route über Gibraltar gewählt und in den Sümpfen Südspaniens ein paar entspannte Tage der ersten, warmen europäischen Frühlingswochen mit Frösche Fangen verlebt, um von dort aus in großen Höhen über die Pyrenäen und Frankreich auf den heimatlichen Hof zurück zu kehren. Die beiden Störche hatten das riesige, auf einem alten Wagenrad gebaute Nest auf dem Dachfirst der Haferscheune standesgemäß aufgemöbelt und höchste Position bezogen. Einer von ihnen hatte auf drei Eiern zu brüten begonnen, der andere stand, meist lässig nur auf einem Bein, daneben und überschaute Hof, Feld, Wald und Wiesen. Von allen Tieren des Hofes hatten die Störche auf dem Dachfirst die Pole-Position mit dem herrlichsten Rundblick über die hügelige Landschaft Ostholsteins. Von ihrem Nest aus waren es nur ein paar hundert Meter majestätischer Gleitflug hinunter zu den Travewiesen, wo alles Mögliche Getier in großer Vielfalt die Storchenfamilien schon immer ernährt hatte. Die beiden Klapperstörche schienen sich ihrer besonderen Rolle, Propheten der Fruchtbarkeit des Landlebens zu sein, wohl bewusst und verhielten sich entsprechend würdevoll. Ihre grazilen Flüge und ihr behutsames Stolzieren auf der Wiese, auf der Suche nach Fröschen, Lurchen oder Insekten, erfreuten unsere Seelen mit Stolz, Teil dieser schönen Natur zu sein. Störche sind ein markanter, mythenbeschenkter Bestandteil unserer ländlichen Kultur. Die größten Vögel des Hofes haben seit jeher unsere Phantasie vom Fliegen und Kinderkriegen bereichert.

Bis zur Kommerzialisierung des Hofes in den sechziger Jahren, bis zur Verrohrung und Überdüngung der Heuerstubbener Feuchtgebiete hat unser Storchenpaar alle fünf Freiheiten in vollen Zügen genossen. Wir haben das Unsere dazu getan und das große Wagenrad auf dem Dach jährlich gewartet und das Nest gereinigt, ergänzt und repariert. Was bedeutet Heimat für Mensch und Tier? „Denk ich an Deutschland in der Nacht, dann bin ich um den Schlaf gebracht. Ich kann nicht mehr die

Augen schließen und meine heißen Tränen fließen" dichtete Heinrich Heine in Paris. Heimat ist Sehnsucht nach Geborgenheit und wird erst bedeutend, wenn man sie verlassen hat. Erinnerungen an die Heimat und ihre Werte machen sich oft nur an kleinen Dingen fest. Der Klapperstorch gehört dazu. „Er weiß sich in die Zeit und Leute zu schicken, übertrifft darin fast alle übrigen Vögel. ... Er weiß, ob man ihn liebt und gern sieht, oder ob man ihn nur mit Gleichgültigkeit betrachtet, denn er beobachtet aufmerksam und macht keine Erfahrung umsonst"[9] ist in Brehms Tierleben zu lesen. Ob unsere Störche wehmütig an ihre Heuerstubbener Heimat zurückdenken, in die sie wegen Nahrungsmangel nicht mehr zurückkehren können?

Wir haben den Störchen die Freiheit genommen. Die erfolgreiche Kampagne unseres Nachbarn, des Vorsitzenden des Travevereins, Werner Wulf, „Verrohren wo immer Gräben den Fortschritt verhindern" machte den Anfang. Dafür gab es ja Zuschüsse. Die Begradigung und Vertiefung der Trave kamen dazu. Der Einsatz von Dünger und Pestiziden dezimierte die Insekten, von denen sich die Frösche und Lurche ernährten. Den Störchen wurde das Wohnen in Heuerstubben verleidet. Bis heute sind sie nicht mehr zurückgekehrt.

Tiere wie der Storch und unsere Haustiere machen unsere Landschaften zur Heimat. Auch wenn wir heute auf einem Dorf oder einem Hof leben, haben wir selten einen Storch zur Gesellschaft. Ohne eine gemeinsame Heimatsymbiose zu haben, freuen wir uns der Vögel auf dem Dach. Sie sind für uns aber fast etwas Exotisches geworden. Naturschützer und Zoos sind heute mit großem Aufwand und öffentlichen Fördermitteln für die Existenzsicherung der Störche bei uns zuständig. Da ist etwas aus der Balance zwischen Mensch und Tier gekommen, welches man nun artifiziell am Leben erhält.

Das Hühnervolk, die Gänse

Wurden unseren Tieren die fünf Freiheiten gewährt, wie sie der britische Professor Roger Brambell 1965 im Auftrag seiner Regierung formuliert hatte? Beginnen wir mit den Hühnern (*Gallus gallus domesticus*) von Heuerstubben. Ihrer 60 samt zwei Hähnen, die gern miteinander kämpften, lebten strohbedacht unter großzügigsten Verhältnissen von etwa 150 qm im Jungviehstall gleich gegenüber dem Schlafzimmer der Eltern. Wenn sie morgens die Hähne krähen hörten, konnten sie sich nochmals umdrehen, weil Martha, die Magd, zuverlässig schon um sechs Uhr die Klappe zum Hühnerstall öffnete. Nachts musste die Klappe geschlossen sein, damit der Fuchs sich nicht die Freiheit nahm, eins der Hühner zu holen. Wir hatten zwei Hühnerrassen, die eher schlanken Italiener und die behäbigen Rhodeländer. Die Italiener waren in Livorno schon vor mehr als hundert Jahren von den Bauern gezüchtet worden, von wo sie auch in die USA gelangten. Von dort stammt der heute bekannte Name Leghorn. Eine solche Henne wird 2,5 kg schwer und legt stattliche 200 Eier pro Jahr. Wegen der Turbo-Legehybriden, die in der industriellen Hühnerhaltung bis zu 300 Eier pro Jahr legen, ist das italienische Huhn aus der Mode gekommen. Es steht heute auf der Roten Liste der gefährdeten Nutztierrassen. Der farbenprächtige Stolz des Hahns mit seinem aufrechten Gang hatte es mir besonders angetan. Sein schillerndes Gefieder liegt fest an Kopf und Körper und verrät italienischen Stolz. Die Rhodeländer Hühner, unsere zweite Rasse, sind mit 3 kg Körpergewicht etwas schwerer und ihr Gefieder ist nicht so eng am Körper liegend, es ist flauschiger. Sie können vielleicht als die „Teddybären" unter den Hühnern bezeichnet werden, weshalb ich sie als kleiner Junge besonders mochte. Rhodeländer legen braune Eier, die ich bis heute vorziehe. Obwohl etwas größer sind ihre Hähne nicht so kampfstark und todesmutig wie ihre italienischen Kollegen. Hähne sind schon immer Vorbild unserer Männlichkeit gewesen. Wenn wir Männer ihnen zuschauen, können wir uns mit ihnen identifizieren und hoffen, dass sie und wir siegreich durchs Leben ziehen. In Zeiten der Gleichberechtigung halten wir diese, unsere männlichen Gefühle aber lieber diskret.

Was planten unsere Hühner und ihre beiden Hähne, wenn es morgens draußen trocken war – sie mögen keinen Regen - und sie ins Freie gelassen wurden? Im Stall gab es Selbsttränken und kleine Futtertröge mit Hühnerfutter so viel sie wollten. Die erste Freiheit, von Hunger und Durst verschont zu werden, wurde dem Geflügel also üppig gewährt. Gelassen, ohne jegliche Hast, strebte das gesamte Federvieh durch die geöffnete Klappe ins Freie und spazierte jedes für sich durch den Hühnerhof und das anliegende Gelände. Mit wachsamen Augen den Boden untersuchend und gleichzeitig in alle Richtungen schweifend - es könnte ja ein Gefährder in der Nähe sein - begann jeder Tag unserer Hühner mit einem Entdeckungsausflug. Hier ein Korn, dort eine Fliege oder sogar eine Heuschrecke, alles wollte entdeckt und gepickt werden, sobald es über den Hunger hinaus als attraktiv eingeschätzt wurde. Das alles geschah mit lebhaften Hals- und Kopfwendungen nach hier und da, langsamen bis hurtigen Schritten, die auch einmal in einem kleinen Satz ausarten konnten, wenn ein Regenwurm auf dem Weg drohte zu verschwinden oder vom oft lästigen Hahn vorher geschnappt zu werden. Jeden Morgen ein kleiner Jagdausflug. Vielleicht haben unsere Hühner nachts von besonderen Jagderlebnissen geträumt. Verglichen mit dem, was heute ein Broiler, der zusammen mit seinen anderen 9.9999 Insassen in seinem genormten Maststall erlebt, oder ein Leghorn im Käfig oder auch in Stallhaltung ohne Auslauf, haben die Hühner in Heuerstubben im Paradies gehabt. Der Eigentümer eines modernen Maststalles mit 10.000 Hähnchen erzählte mir, sein Geflügel sei während der gesamten sechswöchigen Mastzeit so träge, ja schlapp von der täglichen enormen Gewichtszunahme, das jedes Huhn sich allenfalls zwei Meter vom Futter- und Tränketrog weg bewegt. Die so gehaltenen Broiler zeigen keinerlei Interesse, durch ihren großen Stall zu schlendern und ihn sowie die anderen Insassen zu erkunden. Käfighühnern, die bis 2010 auf einer Fläche von weniger als einen DIN 4 Blatt ihre Eier produzieren mussten, sind ebenfalls völlig antriebslos. Sie sind Gefängnisinsassen ohne jeglichen Ausgang und Motivation, auch wenn sich ihre Zellengrößen dank staatlicher Vorschrift vergrößert haben.

Die Hühner unterstanden der Obhut der Frauen des Hofes. Der Verwalter, der auf Wirtschaftlichkeit hätte drängen müssen, hatte im Hühnerstall nichts zu sagen. Den offenen Hühnerhof bildete das Gelände zwischen Herrenhaus, Meierei Gang, Schweine- und Jungviehstall, wo sie sich bei trockenem Wetter die meiste Zeit aufhielten. Die Freiheit war auch viel großzügiger gewährt, als sie die Hühner nutzen konnten. Unsere Hühner hätten die 600 Meter bis zur Trave laufen können. Jedoch haben sie einen Radius von etwa 100 Metern um ihren Wohnsitz herum kaum überschritten. Auch die Freiheit sich so zu verhalten, wie es einem Huhn in den Sinn kommt, war also so uneingeschränkt gewährleistet. Dazu boten Stall und Auslauf unendliche Möglichkeiten. In Heuerstubben hatte sich keiner über Hühnerfreiheiten besondere Gedanken gemacht. Die Hühner gehörten zum Hof wie das andere Vieh und sie leisteten damit ihren Beitrag zum Stolz des Hofbesitzers. Sie hatten jede Menge Freiheiten, mehr als alle anderen Tiere und man merkte, bei uns fühlten sich die Hühner wohl. Auch die Norm der Freiheit von Schmerzen, Verletzungen oder Krankheiten war in vollem Umfang gegeben. Zwischen Mensch und Huhn gab es viel Vertrauen, welches nahe Distanzen von kaum einem Meter erlaubte. Zugegeben, aus der Küche kam immer wieder die Forderung nach einem Suppenhuhn oder Hähnchen. Dazu stand am Meiereigang der Holzklotz mit dem Beil. Den Opfern, die leicht zu fangen waren, wurde der Kopf abgehackt. Die anderen schauten zu, ohne recht zu verstehen, was passierte. Auch die letzte der fünf Freiheiten, der von Angst und Stress, war den Hühnern ein entspanntes Leben lang gegeben, bis auf den Moment des eben geschilderten Endes.

„Kinder, Muscheln sammeln!" Etwa vier Mal fuhren wir im Sommer jedes Jahr nach Scharbeutz an den Ostseestrand. Dabei hielten uns die Erwachsenen zum Muschelsammeln an. Die Muscheln werden zerstampft und den Hühnern zum Fressen gegeben. Das gibt Eier mit fester Schale. Ansonsten wurden unsere Hühner mit Gerste, Bruchkorn und Abfällen vom Dreschen und aus den Küchen und dem Garten ernährt. Für die Eiweißbildung waren auch schon mal Erbsen oder gehackte Pferdebohnen dabei. Hamburger Leistungsfutter, welches auf wissenschaftlicher Basis wahrscheinlich mit genveränderter Soja angereichert war, gab es nicht. Nach dem Krieg war der Hof Selbstversorgerwirtschaft. Alles, was an Futter für die Tiere und Essen für die Menschen gebraucht wurde, kam vom Hof.

Hühner pflegen eine ganz außergewöhnliche Vielfalt an Meinungsäußerungen. Das Kikeriki des Hahns, „ich bin hier der Herr im Stall", das Anlocken seiner Hühner durch sein gutturales „goc, goc" sind wichtige männliche Äußerungen. Das Gackern der Hennen, die ein Ei gelegt haben oder auch sonst auf sich aufmerksam machen wollen, ist eine wichtige Äußerung der Damen im Hühnerstall. Hühner, die „gluck, gluck" machen, wollen Eier legen oder ihre Küken rufen. Die Küken antworten mit einem vielstimmigen feinen Kinderpiepsen. Besonders melancholisch ist der langgezogene „ga-ga"-Ruf der Henne, die bei schönem Wetter über den Hof schreitet und mit sich und der Welt zufrieden scheint. Der Schrei der aufgeschreckten Hühner, die verfolgt werden oder schon erfasst wurden, ist martialisch und laut. Insbesondere ältere Hennen sind wetterfühlig. Sie fürchten sich vor Regen. Bedrückte Hühner schweigen und Du spürst genau, dass es ihnen nicht gut geht. Sie erwarten Unheil.

Von der letzten Freiheit der Hühner, den lieben langen Tag zu tun, wozu sie Lust haben, muss ich zugeben, gab es für Einzelne unerwartete Ausnahmen. Wenn mein Bruder Jürgen und ich vom Internat zu den Ferien nach Heuerstubben kamen, haben wir uns mehrere Male zwei Hennen gegriffen, um sie zu hypnotisieren. So nannten wir dies damals. Wir schleppten die Armen in das Dunkel des Hundestalls, ein großer Raum unter der Terrasse, legten sie auf den Rücken und einen langen Strohhalm auf Schnabel und Bauch. Die Elenden blieben dann bis zu zwei Minuten reglos auf dem Rücken liegen, bevor sie sich wieder aufrichteten und vorsichtig zurück in Licht und Freiheit bewegten. Wir hatten unser Gaudi an der „Blödheit der Hennen". Mit den Gockeln haben wir dies Experiment nie gewagt. Sie hätten sich gewehrt. Mit Tieren spielen? Wenn die Erwachsenen das entdeckt hätten, hätten sie es uns untersagt. In seinem Essay „Über die ästhetische Erziehung des Menschen" sagt Friedrich Schiller, „Der Mensch spielt nur, wo er in voller Bedeutung des Wortes Mensch ist, und er ist nur da ganz Mensch, wo er spielt". Es waren Entdeckungsspiele und keine grausamen Spiele, die wir mit den Tieren spielten und wir haben uns dabei überlegt, was wohl in ihnen vorgeht und warum sie sich so und nicht anders verhalten. Unsere „Übungen" haben dazu beigetragen, uns ganz geborgen und aufgehoben in dieser wundervollen Gemeinschaft mit den Tieren und der ganzen Natur zu fühlen und diese zu respektieren. Auch in Heuerstubben waren die Hennen und andere Haustiere es gewohnt, von Kindern und Jugendlichen Unsinn zu erfahren. Dies hat bei ihnen sicherlich keine Freude ausgelöst, aber auch keinesfalls Todesängste. Sie kannten uns ja und ließen sich auch am folgenden Tag wieder so leicht einfangen wie vor dem Hypnotisieren.

In der wissenschaftlichen Fachzeitschrift, Animal Cognition, wird über die Gefühle und kognitiven Fähigkeiten der Hühner berichtet[10]. Der Forscher Lori Marino stellt fest, dass Hühner trotz ihres nur bohnengroßen Gehirns, mehr Gefühl und Verstand haben, als bisher angenommen. Er hat mit seinen Schützlingen keine Hypnotisierungsversuche vorgenommen, sondern an ihnen menschliche Fähigkeiten getestet. Gefühle und Gedanken äußern die Hühner mit mehr als zwanzig unterschiedlichen Lauten. So können Hühner sich drei Minuten lang die Flugbahn eines Balls merken. Sie können große von kleinen Mengen Eiern unterscheiden und damit im Ansatz rechnen. Hühner lernen in der Gruppe schnell ihren Rang und was sie sich dementsprechend herausnehmen können. Nicht der Hahn, sondern die älteste, kräftigste Henne steht dabei in der Regel ganz oben in der Hackordnung. Neben ihrem großen Repertoire an vokalen Äußerungen verfügen sie über einen umfangreichen Schatz an Verhaltensäußerungen, die von den anderen Hühnern verstanden werden. Hühner sind begabte Täuscher und Trickser, wenn sie als Unterlegene die anderen zu Futterstellen locken, die gar nicht ihre eigenen Favoriten sind. Marino hat festgestellt, dass die Hennen großes mütterliches Schutzgefühl für ihre Küken haben. Schon ein leichter Wind im Flaum der winzigen Küken löst das Schutzverhalten der Glucke aus. Diese und andere Erkenntnisse über die Hühnerseele sollten vertieft werden, mehr Beachtung in der Diskussion über Tierwohl und vor allem im Umgang mit den Hühnern bekommen.

Unsere Hühner dienten der Selbstversorgung. Das heißt, wir hielten sie für uns und nicht für den Markt. Alle Ressourcen für die Hühnerhaltung kamen vom eigenen Betrieb: Stall inklusive bequemer, selbstgebauter Einrichtung mit Stangen für die Übernachtungen, strohgepolsterte Nistkästen aus Holz, Einstreu und Futter. Die Aufzucht der Hühner haben die Frauen des Hofes allein und mit zuneigender Aufmerksamkeit versorgt. Keiner hat den dreifachen Wert eines Huhns in der Selbstversorgung besser beschrieben als Wilhelm Busch: „Mancher gibt sich viele Müh' mit dem lieben Federvieh. Einerseits der Eier wegen, welche diese Vögel legen; Zweitens weil man dann und wann einen Braten essen kann; Drittens aber nimmt man auch ihre Federn in Gebrauch, in die Kissen und die Pfühle, denn man liegt nicht gerne kühle. Seht, da ist die Witwe Bolte, die das auch nicht gerne wollte". Wir wollten das auch und so bin ich nachts unter selbstgemachten Federbetten groß geworden.

Das Federvieh auf den Holsteiner Höfen war Teil der alten, ländlichen Kultur. Es gehörte zum täglichen Leben aller Menschen auf dem Lande, weil man sich einen Haushalt ohne Eier und Suppenhuhn bzw.

Hähnchen nicht vorstellen konnte. Wir waren stolz auf sie, haben uns ihrer Eier gefreut, aber das Ende ihrer täglichen Gegenwart in unserem Leben scheinen wir nicht vermisst zu haben. Schon gegen Ende der fünfziger Jahre wurde den Heuerstubbener Hennen die Mutterschaft genommen. Im sieben Kilometer entfernten Ahrensbök hatte eine Brüterei aufgemacht und auch unsere Hennen durften ihre Eier, die ihnen für die Nachzucht blieben, nicht mehr selbst ausbrüten. Den Drang zum Brüten erkannten wir am Glucken, dem mütterlichen Ton der Sehnsucht nach Kindern. Der Hahn hatte sie besprungen und nun wollten sie auch Küken haben. Dazu waren ein paar Quadratmeter im Hühnerstall abgetrennt und die Glucken konnten unter einem licht- und tondämmenden Weidenkorb ihre Eier legen und diese in 18 Tagen ausbrüten. Sobald alle Küken geschlüpft waren, durfte die Henne mit ihrer Schar wieder zu den anderen Hühnern und konnte sich frei bewegen. Dies Ereignis wurde nicht nur von uns, sondern auch von den begeisterten Hühner-Tanten mit viel Trara und Neid gefeiert.

In den sechziger Jahren wurde die ganze Hühnerhaltung in Heuerstubben abgeschafft. Es gab keine Frauen mehr, die sich um das Federvieh kümmern konnten. Die Gehälter waren gestiegen und es blieb keine Zeit mehr, sich mit den Hühnern, die sich nie im Wettbewerb am Markt für Eier und Hähnchen behaupten mussten, zu beschäftigen. Wir kauften unsere Eier stattdessen bei Frau Mack in Lebatz, und konnten dort bald auch die Hühner in engen, modernen Drahtkäfigen bewundern. Es gab keine Nester zum Eier legen und die Böden der Käfige waren schräg nach vorn geneigt, sodass die Eier nach draußen kullerten und Frau Mack sie wie vom Fließband einsammeln konnte. Irgendwann, nachdem der nachbarliche Bezug zu den Tieren kein Antrieb mehr war, für eine Stiege von 40 Eiern nach Lebatz zu fahren, kamen die Eier und Hähnchen noch billiger vom ALDI in Ahrensbök. Die Zeit der Hühner in industriellen Käfigbatterien begann. Die unmenschliche Rationalisierung führte sogar dazu, dass die männlichen Küken von Legehennen geschreddert werden. Den Hühnern wurden die Schnäbel gekappt, da sie sich in der drangvollen Enge gegenseitig verletzten.

Vor 25 Jahren hatte ich im Auftrag der deutschen Entwicklungshilfe als Agrarökonom eine Untersuchung zur Modernisierung der bäuerlichen Tierwirtschaft Thailands zu leiten. Die Kornkammer des Landes, das Green Isan, war einmal der größte Reisproduzent der Welt. Der Wettbewerb mit anderen Ländern Asiens hatte zu einem Preisverfall geführt. Eine Million Kleinbauern war in ihrer Existenz bedroht. Die Wasserbüffel bildeten den Kern des Reisanbaus. Sie gingen jeden Abend zusammen mit den Kindern ihres Hofes mit Begeisterung baden. Nun wurden sie nicht mehr gebraucht. Wir hatten die Aufgabe nach Alternativen zu suchen. Einer meiner Teamkollegen war ein Rinderexperte, der schnell herausfand, dass Mastrinder für den großen Bedarf des Großraumes Bangkok an Fleischbällchen eine gute Alternative waren. Im Team war auch ein hochkarätiger Geflügelzüchter, Professor von der Veterinärmedizinischen Hochschule Hannover. Durch seine Hybridzüchtungen hatte er dazu beigetragen, dass heute Hühner entweder Eier legen oder Schlachthähnchen sind. Beides, Eier und Fleisch von einem Huhn zu erwarten, ist nicht mehr möglich, weil unwirtschaftlich. Schon während des Hinfluges schwärmte der Kollege von den Fortschritten der Hühnerzucht, die mit ihren kurzen Reproduktionszyklen schon in vier bis fünf Jahren zu großen Fortschritten für die heimische Landwirtschaft führen würden. Vor Ort fand mein Kollege bei den vielen Kleinbauern auf jedem Hof eine Handvoll freilaufender Hühner vor, die sich in der Flur selbst ernähren mussten. Sie, vor allem ihre Küken, wurden durch Ratten und andere Räuber laufend so dezimiert, dass die Bauern Glück hatten, wenn sie in der Woche ein Ei und alle drei Monate ein Huhn in die Küche bekamen. Auch nach drei Wochen Feldbesichtigung war mein Kollege nicht in der Lage, einen konkreten Vorschlag zur Verbesserung der thailändischen Geflügelproduktion zu leisten. Er hatte sich zu weit von der traditionellen Hühnerhaltung entfernt. Er war völlig überqualifiziert oder besser fehlqualifiziert. Wir haben dann gemeinsam in den Bericht hineingeschrieben, dass das Einzäunen und Füttern der Hühner im Green Isan einen großen Fortschritt in der thailändischen Hühnerproduktion darstellen könnte. Mehr konnten wir für die armen, bedrohten Vögel und ihre Bauern nicht tun.

Die züchterischen Erfolge meines Kollegen aus Hannover haben den Boden für die moderne Produktion von Eiern und Hähnchenfleisch mitbereitet. Es werden heute fast nur noch Hybridhühner in Deutschland gehalten, die Legehennen taugen nur zum Eier legen und die Broiler zum Mästen. Sie werden in Ställen je 20.000 bis 40.000 Tieren in sechs Wochen zu Grillhähnchen gemacht. Inzwischen hat auch Thailand den „Fortschritt" in der Hühnerhaltung angetreten. Es wird dort Geflügelfleisch für den Weltmarkt, auch für Deutschland produziert. Das Tierwohl ist dabei auf der Strecke geblieben.

Bilanzierend stelle ich fest, unseren Hühnern wurde durch die moderne Geflügelhaltung die Mutterschaft und den Küken die Sozialisation in einer übersehbaren Herde genommen. Sie können nicht mehr zusammen im Schutz der Glucken und Hähne aufwachsen. Letztere interessieren sich sehr wohl auch für die Küken ihrer Hühnerschar. Beides stellt im Vergleich zu Witwe Boltes Zeiten, die mit einigem zeitlichem Abstand auch noch die meinen waren, einen gravierenden Eingriff in die Freiheit unseres Geflügels dar. Es gibt Forschungsbedarf dazu, als wie gravierend dieser Eingriff zulasten unserer Hühner zu bewerten ist. Zweitens gibt es Forschungsbedarf darüber, ob die elternlose Aufzucht von Küken zu deren mentaler Verarmung führt und was dies für das Befinden und die Gesundheit der Tiere bedeutet. Es gibt drittens Forschungsbedarf über die Möglichkeiten einer artgerechten Geflügelhaltung, welche statt durch einen produktorientierten Kommerz, durch eine tierorientierte Erzeugung geprägt ist.

Als Verbraucher haben wir heute in Deutschland die bequeme Möglichkeit, uns beim Kauf von Eiern zu entscheiden, wie viel Freiheit wir unseren Hühnern, die für uns die Eier legen, bereit sind, einzuräumen. Jedes Ei auf dem Markt wird nach den gesetzlichen Vorschriften mit einem Code gekennzeichnet, der Auskunft über das Land, den Betrieb und die Haltungsform der Hühner gibt. Die erste Ziffer kennzeichnet dabei die Haltungsform: 0 = Eier aus ökologischer Erzeugung; 1 = Eier aus Freilaufhaltung; 2 = Eier aus Bodenhaltung und 3 = Eier aus Käfighaltung. Damals in Heuerstubben gab es das noch nicht. Unsere Eier waren alle Bioeier.

Die Hühner von Heuerstubben führten damals ein paradiesisches Leben und alle, inklusive der zahlreichen Sommergäste, haben sich am Federvieh erfreut. Wie aber sieht es mit den fünf Freiheiten für das Geflügel in der heutigen, modernen Geflügelhaltung aus?

1. Freiheit von Hunger und Durst
    Unsere Hühner konnten nach Belieben trinken und fressen. Das Futter im Stall und das, was sie im weitläufigen Auslauf an Samen und Getier picken konnten, deckte ihren Bedarf ganz offensichtlich, wie sich am schönen Gefieder erkennen ließ. Das moderne Hybridhuhn, egal ob Legehenne oder Masthähnchen, wird auch heute unter Hunger und Durst nicht zu leiden haben.

Man will ja durch hohe Legeleistung und optimale tägliche Zunahmen maximale Rendite, die für die Vertragsmäster oft schmal genug ist, mit den Tieren erwirtschaften. In der Elterntierzucht, einer Vorstufe der Hähnchenmast, sieht es leider ganz anders aus. Hier gehören Hunger und Durst zum Hühneralltag, da in dieser Produktionsstufe der angezüchtete Heißhunger und das schnelle Wachstum zu großen Problemen führen würde. Hofeigenes Futter bekommen Hühner heute kaum. Vielmehr stellt Südamerikanisches Soja einen wichtigen Anteil der Ration und schafft damit noch ganz andere Probleme.

2. Freiheit von haltungsbedingten Beschwerden
Nachdem die qualvolle Käfighaltung verboten wurde, leben die meisten Legehennen heute unter nach wie vor extrem beengten Verhältnissen in Ställen (Bodenhaltung). Die Bilder, die man davon sieht, lassen keine Freude, sondern Sorge aufkommen. Wenn Knochenbrüche, Fettlebersyndrom, Federpicken und Fußballengeschwüre zum Alltag gehören, kann niemand glauben, dass sich die Tiere wohlfühlen. Selbst Freilandhaltung garantiert kein Wohlbefinden für Legehennen. Ist die Fläche in der Freilandhaltung zu klein bemessen und schlecht strukturiert, ist das Grün in Kürze weg und unsere hochproduktiven Hybridhennen laufen über den nackten Ackerboden und trauen sich kaum aus der Stallnähe.
Für die Hähnchen sieht es nicht besser aus. Auslauf im Grünen ist hier quasi ausgeschlossen. Auch sie werden als kleine Küken in normierten Ställen in der Regel von 50.000 Tieren und mehr gehalten. Die Masthybriden sind so degeneriert, dass ihnen alle Entdeckungsfreude abhandengekommen ist und sie, wie die Tierhalter berichten, während der sechs Mastwochen, Trog und Tränke allenfalls in einem Umkreis von zwei Metern umkreisen.
Der Geflügelhalter sorgt in der Regel dafür, dass in den Ställen Luft, Licht und Klima stimmen. Hohe Ammoniakgehalte in der Stallluft sind aber nicht selten und tragen zu Atemwegserkrankungen und abnormem Verhalten wie Federpicken bei. Um die Legeleistung zu steigern, wird in den Ställen ein passendes Lichtprogramm gefahren, sodass die Tiere eine verkürzte Nacht- und somit Ruheperiode haben. Im Stall wird das Licht stark gedimmt, um den gefürchteten Kannibalismus zu

vermeiden. Auch dies bedeutet für die Hühner eingeschränkte Wahrnehmung und Orientierung.

3. Freiheit von Schmerzen, Verletzungen und Krankheiten
Hühner, die so beengt leben, verletzen sich oft gegenseitig durch Bepicken, worauf die Halter mit Schnabelkürzen reagierten. Inzwischen hat die deutsche Geflügelwirtschaft mit der Bundesregierung eine Vereinbarung über den Verzicht auf diese Amputationen getroffen. Seit Januar 2017 ist diese Praxis passé. Die übliche hohe Besatzdichte und Herdengröße führt auch zu einer permanent hohen Infektionsgefahr. Da die Tiere nicht der natürlichen Umwelt ausgesetzt sind, können sie auch keine robuste Immunabwehr entwickeln. Damit sie nicht krank werden, müssen sie durch Hygienemaßnahmen und Antibiotika keimfrei gehalten werden. Diese kostspieligen Präventionsmaßnahmen sind ein typischer Irrsinn der zunehmenden industriellen Intensivierung der Tierhaltung. Kurzum, diese Haltungsformen können nur unter dem praxisüblichen Krankheitsmanagement bestehen, dass eine weitgehende Abschirmung der Tiere von der Außenwelt erfordert. Eine angemessene und individuelle Behandlung von Verletzungen, zum Beispiel von Fußballengeschwüren und Brüchen, wird nicht vorgenommen.

4. Freiheit zum Ausleben normaler Verhaltungsmuster
Zu den normalen Verhaltensbedürfnissen von Hühnern gehören Trinken, Fressen, Nahrungssuche, Staubbaden, Ruhen, Aufbaumen, Suche nach Nistmaterial und Nestbau, Sozialverhalten, Fortbewegung, Eiablage und Brutpflege. Nachdem ich über die Geflügelhaltung während meiner Kindheit berichtet habe und darüber, was die neueste Forschung über die Persönlichkeit von Hühnern erfahren hat, kann man unzweideutig feststellen: Ein normales, artgerechtes Ausleben ihrer natürlichen Verhaltensweisen ist den Hühnern in der Massentierhaltung nicht möglich. Dazu gehört auch, dass Hennen ihre Eier gern selbst ausbrüten würden und ihre Küken nach dem Schlüpfen gern hudern würden. Nicht zu vergessen ist, dass eine Gruppe Hühner unterschiedlichen Alters intensive Sozialkontakte untereinander pflegt und dabei ein oder mehrere Hähne nicht fehlen dürfen. In großen, unüberschaubaren Gruppen geben die Hühner dann einfach auf eine Hackordnung zu bilden, aber der Stress bleibt.

Hühner, die ganz anders sehen als wir, können ohne Tageslicht, also ohne UV-Licht, zudem ihre Artgenossen gar nicht ausreichend erkennen. Für den Nestbau benötigen sie manipulierbares Material. Für die Gefiederpflege ein Sandbad und genügend Platz für die Bewegungen. Zum Scharren und Picken braucht das Huhn mindestens eine Einstreufläche. Zum Schlafen, aber auch tagsüber, brauchen sie erhöhte Sitzstangen. In der Bodenhaltung und besonders in den aus Abschreibungsgründen immer noch existierenden Gruppenhaltungen herrscht hier in jeder Hinsicht Mangel.

5. Freiheit von Angst und Stress
Hühner sind sensibel und schnell erregt. Drangvolle Enge ist nichts für sie. Im Interesse der Bauern lässt man die Tiere in ihren Ställen in Ruhe und setzt sie keinem Stress aus. Der Stress beginnt allerdings bereits beim Transport und der Einstellung der Küken und Junghennen, wenn tausende Tiere von wenigen Menschen in kurzer Zeit von hier nach da geschafft werden müssen. Dies wiederholt sich, wenn hunderte oder tausende Hühner, deren produktive Zeit abgelaufen ist, zum Schlachthaus verladen werden, um dort umgebracht zu werden. Dies ist in aller Regel mit schrecklicher Aufregung, Angst und Stress verbunden. Dazwischen verursacht der stetige Mangel an Material und Platz zum Ausleben der grundlegenden Verhaltensbedürfnisse Dauerstress. Symptome dafür sind sogenannte Techno- und Ethopathien, also haltungsbedingte Verletzungen von Leib und Seele der Hühner.

Selbstbewusste Gänse (*Anserinae*): Im Schweinestall hinterm Haus befand sich auch der Gänsestall, ein Raum mit Fenstern und Auslauf zum Hühnerhof, der nur nachts, der Füchse wegen, geschlossen wurde. Die Gänse hatten stets einen großen Napf Wasser vor der Tür. Sie zogen es aber vor, zum Feuerlöschteich auf der Wiese hinterm Haus zu watscheln, um dort zu baden und Entenflott zu schlürfen. Wir Knirpse hielten uns von den Gänsen fern. Sie waren selbstbewusst und hielten zusammen. Ständig hatten sie etwas zu besprechen und das oft sehr laut. Wenn wir ihnen zu nahekamen, zischten sie drohend wie eine Schlange. Sie können auch beißen. Nachdem uns die Geschichte des kleinen Nils Holgersson vorgelesen wurde, der auf dem Rücken seines Ganters bis nach Lappland geflogen war, habe ich mir unsere Gänse näher angeschaut und daraufhin geprüft, ob sie auch mich auf einen solchen Flug mitnehmen könnten. Mein Traum war schnell erledigt. Hausgänse haben längst das Fliegen verlernt und ich wusste nicht, wie man sich in einen Zwerg verzaubert, den eine Gans tragen könnte. Später, als ich stapelweise Tierbücher las, habe ich die Geschichten vom Gänsevater Konrad Lorenz verschlungen. Er hatte festgestellt, dass elternlose Gössel ihn als Vizevater annahmen und ihm folgten, wo immer er auch hinging. Der Begründer der Verhaltensforschung hat für seine Forschung den Nobelpreis bekommen und viel dazu beigetragen, dass Mensch und Tier einander näherkommen.

Unser Pony, Freund der Kinder

Gegenüber der Kruppschen Villa Hügel, auf der anderen Seite der aufgestauten Ruhr, liegt der schöne Essener Ortsteil Werden. Wer dort wohnt, hat es nur zehn Minuten ins Grüne mit weiter Aussicht und vielen Wegen. Rund um Werden gibt es vor allem Weiden, auf denen ausschließlich Pferde gehalten werden. Noch öfter als Pferde auf der Weide habe ich aber die Pferde von Werden spazieren gehen sehen. Sie werden von ihren Halterinnen, Männer sind kaum zu sehen, ausgeführt. Die Damen sitzen selten oben auf, sondern spazieren an der Seite ihrer Lieblinge. Pferde sind heute beliebte Freunde des Menschen und kaum mehr Nutztiere. Als ich damals in Heuerstubben zu meinem neunten Geburtstag von meinem Bruder Jürgen ein Shetlandpony aus der Isenbergischen Ponyzucht geschenkt bekam, ging es uns ähnlich. Das Pony und ich haben fast nie wirklich gearbeitet. Wir haben uns miteinander vergnügt und das Pony Hitscha begleitete mich auf dem Schulweg. Natürlich bin ich auch geritten und habe mit ihm sogar Springreiten geübt oder beim Ringreiten versucht, einen Preis zu gewinnen. Mein Pferd und ich haben diese Freundschaft sehr genossen.

Hitscha war ein strammes, gutmütiges Tier, mit dickem Fell ausgestattet, harte Winter und üble Wetter gewohnt. Warme Ställe fand Hitscha auch angenehm. Als das Pony das erste Mal zu uns kam, war es am nächsten Tag verschwunden. Nach einigem Suchen fanden wir heraus, es war mutterseelenallein den ganzen Weg wieder zurück nach Travenort, wo es herstammte, gelaufen. Hitscha hatte Heimweh und muss überglücklich gewesen sein, als es wieder zur eigenen Familie gefunden hatte.

Unser Pony war im Sommer der Rasenmäher in unserem großen Garten. Mein Bruder und ich tüderten es zwei Mal am Tag neu an, was Hitscha stets freute. Das Pony war, wie alle anderen Pferde sicherlich auch, intelligent und in der Lage, strategisch zu handeln. Wenn es mal musste, ging es eilig auf die äußerste andere Seite der Reichweite der Kette, um dort seine Äpfel fallen zu lassen oder zu pinkeln. Es tat dies, um die Gräser zum Fressen frei zu halten. Auf diese Art halten Pferde, wie auch andere Weidetiere, ihr Futter frei von Parasiten. Wir hatten die Aufgabe, die Pferdeäpfel mit unserer Kinderschaufel gleich auf den

Kompost zu transportieren. Hitscha war unser Spielpartner und, wenn kein Erwachsener da war, haben wir mit ihm und für ihn gemacht, wozu wir und es Lust hatten. So drängten wir das Pferd die zehn Treppen zum Aufgang des Hauses auf die Terrasse hoch und herunter zu laufen. Weiter ging es ins Haus herein und einmal um den großen Tisch in der Halle herum, an dem immer Mittag gegessen wurden. Dies machten wir oft, wenn kein Erwachsener da war. Dabei stellten wir fest, ein Pony ist keine Bergziege und den Klippen nicht zugetan. Vielleicht sollten wir auch Lipizzaner und Zirkustiere nicht laufend nötigen, Dinge zu tun, die nicht ihrer Art sind. Das Pferd war Spielgefährte und als Kinder wollten wir es teilhaben lassen an unserem Ambiente. Wenn unser Freund sich im Sommer zur Mittagsruhe zum Schlafen auf den Rasen legte, zog er oft die völlig entspannte Seitenlage vor. Wie Rinder nehmen auch die Pferde zum Ruhen meist die Sitzposition auf allen Vieren ein, müssen dann aber ihren Kopf immer noch hoch halten. Hitscha schlummerte, die Beine von sich gestreckt, den Kopf auf Gänseblümchen gebettet, mit geschlossenen Augen. Gern habe ich mich dazugelegt, meinen Kopf auf dem Hals des Pferdes oder seiner Flanke. Beide haben wir dann auch für eine halbe Stunde ganz still gehalten, wie zwei Penner, die am Wegesrand in der Sonne aneinander gelehnt eingeschlafen waren. Zwischen Hitscha und uns Kindern gab es ein vollständiges Vertrauen und zumindest von unserer Seite her das Verlangen, eins mit diesem Geschöpf zu sein.

Mit Hitscha bin ich zur Volksschule ins zwei Kilometer entfernte Gnissau geritten oder gelaufen. Unser Tierarzt wohnte gleich neben der Schule. Dort wurde das Pferd angebunden, während ich vor Lehrer Schramm, der sonntags auch die Orgel in der Kirche spielte, saß und mich im ABC und Rechnen übte. Da wir meist mehrere Kinder waren, die von Heuerstubben aus in die Schule nach Gnissau mussten, teilten wir das Pferd. Es lief aber oft ohne Reiter neben uns her und freute sich offensichtlich, uns täglich zur Schule zu begleiten. Da Hitscha nicht täglich mit den anderen Pferden zusammen lebte, wohl aber in deren Nähe, war das geduldige, freundliche Pony mit uns Kindern zufrieden. Hitscha transportierte mit dem Bollerwagen auch alles Mögliche: Gästekinder, uns selbst, Gartenabfälle, Pilze aus dem Wald, Mist aus dem Pferde- und Kuhstall und Bullenkälber zum Schlachter nach Gnissau. Überschüssige Bullenkälber, die nicht zur Zucht genutzt wurden und die ja nicht versprachen, einmal Milch zu geben, wurden schon nach ein paar Wochen nach ihrer Geburt von Jürgen und mir zum Metzger nach Gnissau gefahren. Wir bekamen jeder eine Bockwurst und 100 DM. Es wurde uns eingeschärft, das Geld den Eltern zu geben. Die Würstchen als Judaslohn für das dem Schlachter ausgelieferte Kalb, konnten wir dann genussvoll in der Kieskuhle, die auf dem Rückweg von Gnissau nach Heuerstubben lag, verspeisen. Wir haben dabei die Uferschwalben beobachtet, die oberhalb des stillgelegten Kiesbruches damals noch ihre Nester gebaut hatten.

Einmal im Jahr veranstaltete der Gnissauer Reit- und Fahrverein Ringreiten bei Bauer Schmädeke. Der Hof im Gnissauer Ortsteil Heckkaten hatte eine schöne Lindenallee vom Hof hinüber bis zur Bundesstraße, in der die Bauern des Dorfes und der Umgebung jährlich ihren Wettkampf, ganz überwiegend auf Kaltblütern sitzend, austrugen. Wer bei gestrecktem Galopp mit einem kleinen Stab den Ring, der an einem Seil über dem Weg gespannt war, vom Seil reißen konnte, hatte die Pflicht erfüllt. Dabei war der Schnellste der Sieger. An dem Wettkampf nahmen etwa 20 Pferde teil, die ohne Klassifizierung um den Ring kämpfen sollten. Nur ein Pony, und zwar unser Hitscha, nahm auch teil. Dafür wurde das Seil entsprechend tiefer gehängt. Nicht immer habe ich den Ring erwischt, habe aber stets viel Beifall bekommen, weil es nicht leicht war, mein behäbiges Pony auf der kurzen Strecke der Lindenallee zum Galopp zu bewegen. Es liebte die Gemütlichkeit wie Balu der Bär vom Dschungelkind Mogli. Ich bin dennoch jedes Jahr mit einem Trostpreis, einer kleinen Flasche Coca-Cola in der Gastwirtschaft Heckkaten, belohnt worden und die Kaffee trinkenden Bauersfrauen haben mir ihre Würfelzuckerstücke geschenkt, damit ich auch mein Pferd belohnen konnte.

Delphine war ein sechsjähriger Sommergast aus Canada. Das kleine Mädchen hatte sich unsterblich in Hitscha verliebt. Von morgens bis abends lief es neben dem Pony her und versuchte seine Bewegungen und Geräusche nachzuahmen. Delphine wäre sofort bereit gewesen, Pferd zu werden, Hitscha zu heiraten und mit ihm nach Canada zu ziehen. Unsere Liebe zu Haustieren kann leidenschaftlich sein. Wer mit ihnen aufgewachsen ist, bewahrt sich eine tiefe Zuneigung, sein Leben lang[11].

Das Pony hat meine Kindheit geprägt, auch oder vielleicht sogar besonders, weil es immer allen Kindern in Heuerstubben gehörte. Hitscha konnte enorm trösten, wenn man mit ihm allein war und Sorgen hatte. Hitscha war ein wunderbarer Spielkamerad und für jeden Unsinn zu haben. Hitscha war unendlich geduldig und gutmütig. Ich kann mich nicht erinnern, dass er je im Ärger auf uns seine Ohren warnend angelegt oder sogar nach uns ausgeschlagen hätte. Mein Bruder und ich waren beide viele Jahre Internatsschüler. Irgendwann war keiner mehr außerhalb unserer Ferien da, der sich um das Pony hätte kümmern können. Hitscha wurde nicht mehr gebraucht und wurde verkauft. Dies Schicksal unseres Ponys teilten bald daraufhin auch die Kaltblüter, die Arbeitspferde in Holstein. Die Motorisierung des Ackerbaus setzte ein. Sie wurden nicht mehr gebraucht und abgeschafft.

Kaltblüter, friedvolle Kraftmeier

Das Hauspferd, *Equus ferus caballus*, ist das domestizierte Wildpferd. Es wurde vor mehr als 3.000 Jahren in Zentralasien eingefangen und zum Reiten, später auch zum Fahren oder Lastentragen genutzt. Der große Feldherr Dschingis Khan (1125 – 1227), der die vielen mongolischen Stämme zu einer Herrschaft vereinte, hat in seinen Eroberungszügen voll auf Pferde gesetzt und ist mit ihnen bis in den Nahen Osten und nach Zentraleuropa gekommen. Pferde sind dann in den folgenden Jahrhunderten, für die Ritter im Mittelalter bis hinein in den Zweiten Weltkrieg, die wichtigsten Fortbewegungsmittel für Mensch und Material im Krieg gewesen. Bis heute zählt das Pferd als anspruchsvolles Haustier für die gehobenen Schichten der Bevölkerung. Durch die besondere Stellung des Pferdes unter den Haustieren wurden viele edle sowie kraftvolle Rassen gezüchtet. Man unterscheidet dabei die Vollblüter (aus der Araberzucht stammend), die Kaltblüter, und Zwischenformen wie Warm-, und Halbblüter. Schließlich sollte man auch unsere Ponys, deren Widerristhöhe oder Stockmaß unter 1,48 Meter liegt, nicht vergessen. Sie wurden im 19. Jahrhundert vor allem in England in den niedrigen Stollen der Bergwerke eingesetzt. Heute sind unsere Ponys für die Kinder zuständig. Im Folgenden konzentriere ich mich auf die Kaltblüter, die Sanftmütigen, Arbeitspferde für die Landwirtschaft, mit denen ich früher gearbeitet habe. Trotz ihres friedfertigen Wesens werden die Hengste meist kastriert und sind dann Wallache. Ein solches Pferd kann 20 – 30 Jahre alt werden und wiegt im ausgewachsenen, gut genährten Zustand oft über eine Tonne. Erst mit sieben Jahren ist ein Pferd ganz ausgewachsen, obwohl es schon ein bis zwei Jahre nach der Geburt geschlechtsreif wird. Eine Stute braucht elf Monate, um ein Fohlen zu gebären. Schon nach ein paar Stunden können die Fohlen dann, ziemlich wackelig, auf ihren hohen Beinen stehen und bleiben am liebsten, mindestens die ersten 12 Monate, ganz dicht bei der Mutter. Auch Pferde sind Herdentiere und brauchen viel Auslauf. In Zentralasien, wo ich sie während der Fahrt zwischen Almaty und Bischkek beobachten konnte, gibt es keine Zäune oder Pferdeboxen wie bei uns. Die Pferde zeigen in der Herde ein ausgeprägtes Sozialverhalten mit vielfältigen Gesten und anderen Kommunikationsformen untereinander. Je besser sich der Mensch diesem Verhalten anpasst, umso besser kommt er mit ihnen zurecht. Der kalifornische Pferdeflüsterer Monty Roberts hat dafür Regeln entwickelt, die heute weltweit angewandt werden und sicher kennen viele den Film mit Robert Redford. Durch Reden, Streicheln und andere Haut- bzw. Fellkontakte versteht Dein Pferd schnell, dass Du es magst und seine Freundschaft suchst. Früher, als die Bauern und Landarbeiter noch acht Stunden am Tag und mehr mit ihren Pferden verbrachten, waren Pferd und Lenker ein vertrautes Gespann. Beide freuten sich aufeinander, wenn es morgens losging. Dies gute Verhältnis ist sicher nicht überall dominant. In den südlichen Ländern, wo der Esel oder Maulesel als Zug- und Tragtier verbreitet ist, konnte ich Schicksale schändlichen Umgangs mit diesen Tieren beobachten, die uns abstoßen.

Pferde galten auch in Heuerstubben als die edelsten unter den Haustieren. Der Pferdestall war das einzige Wirtschaftsgebäude, welches wie das Herrenhaus im klassizistischen Stil und weiß gestrichen ein Schmuck des Hofes war. In der Mitte des Gebäudes war die Remise mit zwei Kutschen, die eine ein Einspänner, die andere, größere für zwei Pferde vorgesehen. In der einen Ecke der Remise befand sich auch die Schmiede zum Beschlagen der Pferde und für andere Eisenarbeiten an Hof und in der anderen Ecke war die Stellmacherei, in der Römpke alles auf dem Hof reparierte, was mit Holz zu tun hatte. Links von der Remise war der Stall für die Reit- und Kutschpferde, rechts für die Arbeitspferde, die Kaltblüter. Nach 1945 wurde in Heuerstubben kaum noch geritten. Mein Vater war ja in Russland geblieben. Es gab auf dem Hof auch noch eine Pferdeschwemme, in der vor allem die Arbeitspferde nach schwerer Arbeit am Feierabend baden durften. Dieses wunderbare Angebot nach einem heißen Tag habe ich später nur noch bei den Wasserbüffeln in Thailand gesehen, wo die Tiere nach der Arbeit im Reisfeld mit den Kindern der Bauernfamilien baden gehen durften.

Es war für mich als Fünfjährigen das Höchste, von meiner Mutter zur Kate geschickt zu werden, um den Kutscher, Peter Petersen, zu bitten, mit der Kutsche vorzufahren. Es ging nach Gnissau zum Kolonialwarenladen[12] Maas, nach Ahrensbök zur Apotheke oder zum Arzt, seltener sogar ins 20 km entfernte Lübeck, was mit Pferd und Wagen eine Tagesreise war. Schon nach zwei Kilometern verließ die Kutsche den Heuerstubbener Feldweg und bog ein in die große Landstraße, die heute die Bundesstraße 432 ist. Längst ist sie asphaltiert und heute fahren an Wochenenden Autoschlangen von Hamburg an den Strand der Lübecker Bucht oder zurück nach Hamburg an uns vorbei.

Damals war die nationale, mit Eichen gesäumte Allee mit Kopfsteinen gepflastert und parallel daneben führte der ungepflasterte „Sommerweg", auf dem die Pferde ohne Hufbeschlag traben konnten. Auf der Höhe des Hofes von Mentz stand noch ein Meilenstein aus schwedischem Granit mit den Aufschriften „Altona" auf der südlichen Seite und „Neustadt" auf der nördlichen. Der Meilenstein kennzeichnete die längst beendete dänische Herrschaft über Holstein (1640 – 1867). So hatte sich noch vor dem deutsch-dänischen Krieg 1864 der dänische Hof mit dieser Straße seinen eigenen Transit geschaffen, um die Hansestädte Hamburg und Lübeck für den nordischen Handel auszuschalten. Ich durfte Petersen beim Anspannen zuschauen und neben ihm auf dem Kutscherbock vorfahren. Bei Regen saßen er und ich mit einer schweren Lederdecke auf dem Schoß unmittelbar hinter den beiden Pferden auf dem Kutschbock, deren Wärme und Duft sowie das Geräusch der klappernden Hufe mich beglückten und stolz machten. Wenn sie vor Freude, sich flott bewegen zu können, schnaubten, waren auch ich und sicher auch der Kutscher glücklich.

Schon Mitte der fünfziger Jahre schaffte meine Mutter ihr erstes Auto an, einen Volkswagen Cabrio. Die beiden Kutschpferde wurden daraufhin für leichte Arbeiten auf dem Hof eingesetzt, zum Eggen, Heu wenden, Hacken der Zuckerrüben oder der aufgelaufenen Rapssaat im Frühjahr. Die meisten Feldarbeiten wurden jedoch durch die schweren, bärenstarken Belgier gemacht, meist auch hier im Gespann. Sie waren in Holstein neben den Schleswigern die beliebtesten Kaltblüter. Noch heute kann ich von diesen Kraftpaketen träumen, die auf Hinterbacken, Schultern, doch auch auf dem Rücken so viele Muskeln hatten, dass sich oben auf der Kruppe das Regenwasser sammeln konnte. Am höchsten stieg meine Bewunderung, wenn von der langen Mistkuhle vor dem Kuhstall, die etwa zwei Meter tief und mit Kopfsteinpflaster versehen war, mit den Ackerwagen der Mist aufs Feld gefahren wurde. Unsere Belgier wussten, was es bedeutete einen beladenen Mistwagen aus der Kuhle zu ziehen. Sie legten sich mit aller Kraft in die Lederriemen und die eichenen Schwengel mit denen die Gäule den Wagen zogen, ächzten unter der Kraftanstrengung. Ich bin überzeugt, unsere Belgier waren stolz auf ihre Leistung und wurden vom Kutscher auch entsprechend gelobt. So grenzenlose Bewunderung, wie ein Steppke vor dem Weltmeister im Gewichtheben hat, hatte ich vor unseren Belgiern. Es waren unendlich geduldige, sanftmütige Wesen, die ihre Kraft in eine gute Sache steckten, den Mist aufs Feld zu schaffen, damit die Ernte im kommenden Jahr wieder gut wird. Auch die Gespannführer waren auf die Leistungen ihrer Pferde stolz.

Die Heuernte in den Travewiesen war für mich und mein Pferd die schönste Jahreszeit. Den Duft des frisch geschnittenen Grases und den Duft des auf den Wiesen trocknenden Heues, welches auf den Kuhstallboden eingefahren wurde, habe ich noch heute in der Nase. Schon als Achtjähriger durfte ich mithelfen. Auf dem Mähbalken, der seiner aufwendigen Mechanik wegen von zwei Pferden gezogen wurde, saß Julius Doms, der die Aufgabe des Grasschneidens auch später mit dem Schlepper übernahm. Das Gras- bzw. Heuwenden und das Heuharken war dagegen Aufgabe der Einspänner. Ich war dabei. Mein Pferd war die sanftmütige Stute Frauke, die, wenn ich sie zur Arbeit von der Weide holte mir bisweilen schon entgegen kam, weil auch sie den Duft der Jahreszeit spürte und sich bewegen wollte. Beim Einspannen wurde mir geholfen, das große Pferd aufzuzäumen und vor die Maschine zu spannen. Dann ging es über den Hof hinunter durch die Weiden zu den Travewiesen, wo den lieben langen Sonnentag das Heu gewendet wurde bis es trocken zum Einfahren war. Das bedeutet in Holstein bei gutem Wetter drei Tage. Du sitzt auf Deinem Eisenstuhl, vor Dir zum Streicheln nah der dicke Hintern von Frauke und ihr langer Schweif zum Zöpfe flechten auf langer Fahrt über die grüne Wiese. Hinter Dir drehen sich drei Achsen, an welchen mit Drahtfedern die jeweils vier Heugabeln montiert sind, die nun das Schwad auseinanderziehen und über die Wiese so verteilen, dass die Sonne jeden Halm trocknen kann. Zweihundert Meter auf der Linie hinunter bis zum Traveufer, wenden und zweihundert Meter am anderen Schwad wieder zurück sind Strecken, auf denen Du Zeit hast über alles Mögliche nachzudenken. Stell Dir vor, Du bist Freund und Lenker des drittschwersten Säugetieres der Welt. Nur Elefant und Wal bieten mehr Masse. Das hebt Dich schon in andere Sphären Deiner Existenz.

Ich war Herr über eine komplette Pferdestärke. Wir beide, Frauke und ich, waren uns völlig einig, dass Heuwenden ein lockeres Geschäft ist, welches eine volle Kraftentfaltung nicht notwendig macht. Wie könnte ich ausrechnen, was das Potential einer Pferdestärke insgesamt ausrichten könnte? Eine Pferdekraftstärke in einer Stunde wird gemessen in PSh oder Horse Power HPh und bedeutet eine Kraft, die es schafft 75 kg in einer Sekunde einen Meter senkrecht in die Höhe zu ziehen[13]. Frauke war, wie die übrigen Belgier, ein Kaltblüter, gemütlich, geduldig und mir als Jungen gegenüber warmherzig. Über den Hintern, den muskulösen Rücken und den Hals mit seinen langen Haaren, die nach rechts hin gekämmt waren, hinweg konnte ich das unentwegte Ohrenspiel von Frauke beobachten und testen. Manchmal unabhängig voneinander, manchmal synchron schauten die Ohren nach vorn oder nach hinten, selten längere Zeit zur Seite, um ständig zu erhören, was los ist. Nach hinten: Ruft der Junge? Will er etwas Besonderes von mir? Schimpft er vielleicht sogar oder freut sich und lobt mich? Nach vorn: Was machen die beiden anderen Pferde, die auch in der Heuernte beschäftigt sind? Wie weit ist es noch bis zur Trave und wie weit zurück, nach Hause? Wo hätte ich die Chance, den Kopf zu senken und ein leckeres Büschel Gras zu erhaschen? Den lieben langen Tag Heu wenden kann für Pferd und Kutscher auch eintönig werden. Ich habe Tonübungen mit Frauke gemacht, um zu erfahren, ob sie mich hört, auch wenn ich ganz leise rede und ob sie die hohen oder tiefen Töne lieber mag. Mein dickes Pferd hat fast immer reagiert, wenn ich es ansprach. Ich glaube, Frauke mochte mich und meine unterhaltsamen Übungen mit ihr. Nicht nur an den vier Fesseln, auch um die Ohren herum hatte Frauke viel langes Fell, das auch üppig aus der Tiefe der Ohrmuschel hervorwuchs. Ich bin sicher, den Fellschutz, der heute Mikrophone vor Wind schützt, wie man es oft bei TV-Außenaufnahmen sieht, wurde den Kaltblütern von ihren Ohren abkopiert. Pferde nehmen die Welt wahrscheinlich mehr mit den Ohren als mit den Augen, der Nase oder mit dem Mund wahr. Sie schauen Dir selten nach wie ein Schwein oder vielleicht einmal eine Kuh. Sie schnüffeln Dir auch nicht nach wie ein Hund oder versuchen Dich mit der Pfote zu spüren wie eine Katze. Sie hören. Und sie lassen dies Dich spüren, wenn Du genügend Zeit hast und aufmerksam bist.

Haben unsere Pferde in Heuerstubben die fünf Freiheiten genießen können? Im großen Ganzen denke ich schon:

1. Freiheit von Hunger und Durst
   Unter Hunger und Durst haben sie nie leiden müssen. Für sie wurde jedes Jahr extra Hafer angebaut. In der Scheune stand die Häckselmaschine für das Haferstroh, mit dem jeden Tag Häcksel geschnitten und mit Hafer vermischt an die Pferde gegeben wurde. An die tägliche Tränke der Pferde kann ich mich gut erinnern. Es gab noch keine Selbsttränken, sondern zwei Mal am Tag wurde Wasser in die Futterkrippe gelassen und die Pferde haben sich satt getrunken. Zwei Weiden des Hofes hatten Teiche,

aus denen die Pferde ausführlich tranken. Ein Pferd an der Tränke ist etwas Wundervolles, Stilles. Es saugt in großen Zügen ein bis zwei Liter Wasser in einem Zug in sich hinein. Du siehst, wie das Wasser in gebündeltem Schwall die Kehle herunterrutscht. Du spürst den Genuss, den das durstige Tier dabei hat.

Eine bedarfsgerechte Fütterung von Pferden erfordert eine Menge Wissen und Erfahrung der Pferdehalter nicht nur in Sachen Futterration, sondern auch Stallgestaltung und Herdenführung. Es muss Sorge dafür getragen werden, dass auch das Pferd am Ende der Rangordnung in Ruhe fressen und saufen kann.

2. Freiheit von haltungsbedingten Beschwerden
    Natürlich gab es auch in Heuerstubben keine zaunlosen Weiden. Unsere Pferde wurden meist auch nicht in der Herde gehalten, sondern einzeln im Stall. Sie standen dort auf Stroh und waren angebunden, es gab nur vier Boxen. Fast täglich wurden die Pferde jedoch bewegt, auch im Winter. Bei Schnee durften wir Kinder 6 – 8 Rodelschlitten hinter einen Kaltblüter spannen, der uns in scharfem Trab mit Lust durch die Landschaft zog, was uns viel Gaudi bereitete. Das Gespann entwickelte in den Kurven eine solche Fliehkraft, dass die letzten Schlitten fast immer aus der Kurve flogen und wir unsere Schlitten immer wieder aus den Straßengräben herausziehen mussten Ab Frühjahr wurden die Pferde jedoch immer auf die Weide gebracht und früh morgens zur Arbeit geholt.
    Haben Pferde unzureichende Bewegungsmöglichkeiten, leiden Hufgesundheit und der gesamte Bewegungsapparat. Bewegung allein beim Reiten ist in der Regel nicht ausreichend und genügt auch nicht den arteigenen Bewegungsmustern.

3. Freiheit von Schmerzen, Verletzungen und Krankheiten
    Von Schmerzen und Verletzungen ist mir bei unseren Pferden nichts in Erinnerung. Der Tierarzt kam, wenn es nötig war. Wurmkuren wurden vom Kutscher mindestens einmal jährlich durchgeführt.
    Die Folgen von unzureichender Bewegung und Mangel an Sozialkontakt sind für die Pferde schmerzhaft und verursachen Krankheiten. Staubiges Stallklima kann ein Weiteres zum

Unwohlbefinden beitragen. Atemwegserkrankungen, Schäden an Gliedmaßen und Koliken bilden entsprechend auch die häufigsten Abgangsursachen. Im Durchschnitt werden Pferde in Deutschland nur noch sieben Jahre alt.

4. Freiheit zum Ausleben normaler Verhaltensmuster
Verglichen mit den heutigen, großen Pferdehöfen, wurden unsere Pferde eher einzeln gehalten und konnten dadurch ihr Sozialverhalten untereinander nur wenig ausleben. Es waren vielseitig beanspruchte Arbeitstiere in der Landwirtschaft und keine Gestalter der Freiheit von Pferdehaltern wie heute. Es gab noch keine künstliche Besamung und wenn eine unserer Stuten rossig war, wurde ein Hengst aus der Nachbarschaft bestellt, was stets eine aufregende Angelegenheit war. Hinter dem Pferdestall gab es eine Bretterwand, damit Stute und Hengst sich im Liebeseifer nicht verletzten. Sie trugen ja meist Eisen an ihren Hufen.
Die immer noch übliche Boxenhaltung schränkt Pferde in ihrem Sozial- und Fortbewegungsverhalten stark ein. Pferde sind Herdentiere. Sie sind Weidetiere. Bei Einzelhaltung vereinsamen sie seelisch. Ihr Leiden findet dann zum Beispiel Ausdruck in Weben und Koppen. In der Natur legen sie bis zu 30 km täglich bei der Futtersuche zurück und sind ständig am Grasen. Im Stall fehlt bei rationierter Heufütterung beides: Beschäftigung und Bewegungsmöglichkeit. Offenställe, Aktivställe, Weidegang und Herdenhaltung kommen den Verhaltensbedürfnissen von Pferden wesentlich näher. Anbindehaltung von Pferden ist schon seit einiger in Deutschland tierschutzwidrig.

5. Freiheit von Angst und Stress
Auch diese Freiheit war in Heuerstubben gegeben. Die Gespannführer, die täglich mit ihren Pferden zu tun hatten, gingen ausgesprochen liebevoll und ruhig mit ihnen um. Es war etwas Besonderes, den Arbeitstag mit den Kaltblütern zu erleben. Boxenhaltung verursacht seelischen und körperlichen Stress. Die Folgen habe ich oben schon erwähnt. Mangelnde Sachkunde und zu frühe und falsche Belastung kann ein Übriges zu Angst und Stress beitragen.

Heute gibt es in Holstein mehr Pferde als Kühe. Sie werden auf den Pferdehöfen in Pension gehalten und die Mädchen oder jungen Damen kommen sie zum Reiten besuchen. Die Hochschule Nürtingen hat in Deutschland inzwischen den ersten Studiengang in Deutschland für Pferdewirte eingerichtet. Heute dienen die Pferde, meist Warmblüter, der Freizeitunterhaltung, nicht mehr der Landwirtschaft. Kaltblüter sind selten geworden. Für diese bleibt heute nur noch das Holzrücken im Wald, dort wo Maschinen nicht gern gesehen werden.

Ich bin überzeugt, zu den Freiheiten, die wir unseren Haustieren gewähren müssen, gehört auch ein Fordern. Fordern statt Verwöhnen ist für die Pädagogik von Kindern ein elementarer Grundsatz. Artgerechte Leistung von unseren Haustieren zu fordern, steigert ihre Vitalität und die Lust am Leben.

Mit dem Bulldog in den Hof ohne Pferde

Die Vorbilder und Ideale meiner Kindheit etwa bis zum sechsten Lebensjahr waren die Deputatarbeiter und die Pferde. Es gab aber auch Fritz Wulf. Der war für unseren 45 PS Lanz Bulldog zuständig. So ein Koloss aus Eisen und Stahl, Baujahr 1936, war noch stärker als das beste Kaltblütergespann. Während auf den Nachbarhöfen für das Pflügen noch viele Jahre die Pferde ihren Dienst taten, waren bei uns, außer für die Feldränder zu den Knicks[14] und Wegen hin, Fitz Wulf und der Lanz zuständig und die Pferde überflüssig geworden. Sicher saß ich lieber auf dem Bock eines Pferdewagens als auf dem Bulldog, aber im Wettbewerb um meine Gunst war auch Fritz Wulf mit seiner Maschine ein ernster Kandidat.

Es ist evident, dass die Passion für Tiere den technischen Fortschritt auch bei uns nicht aufhalten konnte. Die Zapfwelle und die Dreipunkthydraulik der Schlepper hat den Pferden während der sechziger Jahre die Existenzberechtigung geraubt. Das Ende der Landwirtschaft von Hand und mit Pferden hatte schon ab 1850, mit dem Einsetzen der Industrialisierung in Europa begonnen. Fritz Wulf, geboren 1905, konnte sich noch erinnern, wie in Blomnath, dem großen Hof gleich gegenüber auf der anderen Seite der Trave, das Getreide noch mit der Sense geschnitten wurde. Bald ersetzten Mähbinder, die von Pferden gezogen wurden, die Sensen. Das Zeitalter der Mechanik in der Landwirtschaft hatte begonnen. Die Räder der Maschinen wurden von den Pferden nicht nur gezogen, sie konnten auch über Getriebe Mähmesser, Düngerstreuer und Drillmaschinen oder Heuwender betreiben. Bei uns wurde nach dem Krieg das Korn mit pferdegezogenen Mähbindern geschnitten und gleich in Garben auf dem Feld abgelegt. Diese mussten nur noch in Hocken zum Trocknen aufgestellt und zum Dreschen im Winter eingefahren werden.

Neben der Haferscheune, unter einem mächtigen Zitronenapfelbaum, gab es ein Rund für einen pferdebetriebenen Göpel, mit dem noch zu Beginn des 20. Jahrhunderts in der Scheune eine stationäre Dreschmaschine angetrieben wurde. Das Dreschen des Korns mit dem Schlegel wurde dadurch überflüssig. Die Garben wurden damals von den Feldern eingefahren und in die Feldscheune oder Haferscheune bis zur

Decke hinauf gestapelt. Den Winter über konnte so über Monate hinweg mit der Dreschmaschine gedroschen werden. Dadurch gab es auch für die Heuerstubbener Spatzen stets reichliche Kost.

Der Anfang des 20. Jahrhunderts aufkommende Verbrennungsmotor brachte Fritz Wulf und dem Hof den Lanz Bulldog. Es war einer der ersten Explosionsmotoren, der von der Firma Lanz in Mannheim für die Landwirtschaft entwickelt wurde. Der Motor hatte einen horizontal gelagerten, mächtigen Kolben, dessen oberer Hubraum zunächst mit einer blau glühenden Lötlampe heiß gemacht werden musste, um die notwendige Temperatur für die erste Explosion des Öl-Luftgemisches zu erzeugen. Der Kolben wurde durch ein Schwungrad dazu gebracht wieder vor bis zum oberen Drehpunkt zurück zu sausen. Der Auspuff war ein blecherner Schornstein, der herrlich knatterte, wenn der Motor einmal lief. Um den Bulldog anzuwerfen, brauchte es zunächst den oben erwähnten Glühvorgang und das von der Hand am Schwungrad vorgesehene Anschmeißen des Motors. Dazu wurde das Lenkrad des Bulldogs genutzt, welches man von der Steuersäule abnehmen konnte. Im Winter diente der Bulldog als Antrieb fürs Dreschen. Dazu wurde ein 15 Zentimeter breiter, sehr langer Lederriemen zwischen dem Schwungrad des Bulldogs und der Dreschmaschine aufgespannt.

Später, während meiner landwirtschaftlichen Lehrzeit hat unser Bulldog auch den ersten Mähdrescher der Firma Claas gezogen und über seine Zapfwelle angetrieben. Ich stand oben auf dem Gerät und habe die Säcke mit dem gedroschenen Korn abgefüllt und zugebunden, bevor der Betrieb später für die Schüttung, den Transport und die Lagerung des Getreides ganz ohne Säcke auskam. Dadurch ist viel von dem anschaulichen Vorgang der Ernte des Getreides, vom Schnitt, der Trocknung, des Dreschens, des Transportes und der Lagerung des Korns verloren gegangen. Über seine Zapfwelle haben der Bulldog und die anderen Schlepper, die in den sechziger Jahren angeschafft wurden, die Pferde an der Drillmaschine, dem Düngerstreuer, beim Grasschneiden und Trocknen sowie Ernten überflüssig gemacht.

Die nächste Stufe des technischen Fortschrittes der Landwirtschaft war die Hydraulik. Während meiner landwirtschaftlichen Lehrzeit auf dem Hof kaufte mein Vater zwei kleine, graue Massey Ferguson Schlepper, die am Heck eine Dreipunkthydraulik hatten. Daran wurde beispielsweise der Pflug eingehakt und konnte so jederzeit hydraulisch angehoben oder abgesenkt werden. Der Landmaschinenhändler hatte meinen Vater davon überzeugt, dass über die hydraulische Mechanik der Pflüge und der Schlepper die Kraft so ansetzen konnte, dass die Pflüge sich in den Boden hineinzogen und über die Zuglast auf die Hinterräder drückten, so dass diese auch bei Regen nicht rutschen konnten. Das hatte bei den feuchten, lehmigen Holsteiner Böden nie überzeugend geklappt. Mit der Zeit wurden die Schlepper immer größer und schwerer. Die Elektronik mit Batterie, Anlasser und Licht hat der Landwirtschaft einen weiteren Schub weg von den Pferden gegeben. Nun musste vom Lanz Bulldog das Lenkrad nicht mehr zum Anschmeißen des Schleppers herausgenommen werden. Heute springen die Schlepper auf Knopfdruck an. Digitalisierung, Global Positioning System (GPS) und Precision Farming sind vorerst die letzte Stufe der Agrartechnik weg von der Natur. Die amerikanische Firma Blackbridge betreibt vier eigene Satelliten im Weltall, von der aus Ackergeräte weltweit ferngesteuert werden können, auch auf den ostholsteinischen Gütern. Böden, Saatgut, Einsatz von Dünger und Pestiziden sowie Ernte, alle Daten erfasst das Precision Farming Informationssystem, so dass Du Deine Landwirtschaft nicht nur völlig ohne Haustiere, sondern auch ohne Schlepper- oder Gerätefahrer erledigen kannst. Was früher neben den „Cash Crops" in Holstein die berauschende Vielfalt der Flure ausmachte, die Knicks, die Hasen, die Kräuter und Insekten an den Feldrainen, wird heute allerdings nicht gespeichert, obwohl digital unendlich viel Platz dafür wäre.

Auch in der Stalltechnik hat es in den letzten Jahrzehnten dramatische Änderungen gegeben, nicht nur zum Vorteil der Haustiere. Für die Legehennen wurde der Käfig entwickelt, in dem die Hühner auf geschrägtem Draht stehen. Der Kot fällt einfach durch und das Futter kommt per Fließband zu den Hühnern. Die frisch gelegten Eier purzeln aufs Eierband und müssen nur noch eingesammelt werden. Die Mastschweine wurden in Boxen gesteckt, in denen sie weder ihrem Wunsch nach sauberer Toilette nachkommen noch ihren Spieltrieb austoben können. Auf der Royal Horse Show in England habe ich Schweineställe ohne Fenster gesehen. Die armen Schweine leben im Dunkeln. Das automatische Licht geht nur für 10 Minuten an. Die Schweine beeilen sich, in dieser Zeit so schnell wie möglich zu fressen. Das beschleunigt die Gewichtszunahme. Im Allgäu findet man auch heute noch in vielen kleinen Betrieben ganzjährige Anbindehaltung, ganz ohne Auslauf, geschweige denn Weidegang. Ansonsten hat sich aber fast überall in Deutschland die Laufstallhaltung durchgesetzt, was oft eine Enthornung der Rinder erforderlich macht, damit sie sich im Gedränge des Stalles nicht gegenseitig verletzen. Modern sind die Melkroboter. Die Kühe können sich, wann immer sie wollen, an diese Maschinen stellen und sich automatisch melken lassen, ohne dass ein Melker dabei wäre. Sie tragen ein Halsband mit Sensor, welcher dem Automaten signalisiert, dass die Kuh gerade da ist, die entsprechend ihrer Milchleistung 2,3 kg Kraftfutter braucht. Hier bietet der technische Fortschritt Kuh und Bauer mehr Freiheiten. Er entfernt Tier und Mensch voneinander aber so weit, dass persönliche Kontakte zwischen ihnen nicht mehr stattfinden und Massentierhaltung möglich wird.

Regenwürmer, Heinzelmännchen der Erde

Nachdem ich mich über die Mechanisierung des Hofes, die Bodenbearbeitung und das Pflügen ausgelassen habe, komme ich auf eine Gruppe von Haustieren, die zweifelsohne zu den wichtigsten unter allen gehören, den Regenwürmern (*Lumbricidae*). Schon im August werden nach der Ernte von Gerste, Raps und Weizen in Holstein die Felder gepflügt. Das stellt einen dramatischen Eingriff in die vor Lebewesen wimmelnden obersten Bodenschichten dar. Zwölf Zentimeter Boden werden einfach von oben nach unten gekehrt. Das kommt einem jährlichen terrestrischen Tsunami gleich, der bei allen Lebewesen, die davon betroffen sind, Panik auslöst. Holstein, zwischen den Meeren gelegen und im Osten zudem durch viele Seen gesegnet, ist Möwenland. Daher kommen innerhalb einer knappen Stunde nach Beginn der Bodenbearbeitung hunderte Möwen und picken Dir die Regenwürmer in der frischen Pflugfurche weg. Sie sind dabei so gierig, dass keiner dem anderen auch nur ein winziges Würmchen überlassen würde. Die Möwen sind wie die Menschen voller Widersprüche. Einerseits ist die Möwe, die entdeckt hat, dass in Heuerstubben gepflügt wird, eitel und verkündet ihre Entdeckung mit großem Stolz. Andererseits ärgert sie sich, dass alle anderen kommen und ihr die Würmer streitig machen. Regenwürmer können hurtig sein, wenn sie in Not sind. In wenigen Sekunden sind sie von der gefährlichen Oberfläche verschwunden. Dennoch, viele überleben diese Attacken der Möwen nicht. Nur die Überfälle von Heuschrecken, wie ich sie in Afrika erlebt habe, können schrecklicher sein. Der blaue Sommerhimmel wird weiß vom Möwengeflatter und laut vom Geschrei der Hungrigen. Regenwürmer gehören in den Boden und nicht in den Magen von ungehobelten Möwen. Doch der Bauer auf dem Schlepper kann nichts gegen diese aufmüpfigen Vögel unternehmen. Er muss sie ertragen.

In den ersten Jahren, bevor die kleinen Schlepper auf den Hof kamen, hat der Lanz Bulldog allein gepflügt und zwar zwei Mal: einmal das flache Schälen nach der Ernte und zum zweiten Mal das Tiefpflügen vor Frost und Schnee. Gleich danach wird die Saat für das Winterbett vorbereitet und eingedrillt, damit sie vor dem Frost noch aufläuft. Das flache Schälen mit sechs Scharen an einem Pflug diente dazu, die auf dem Boden liegenden Pflanzenreste mit Erde zu bedecken, damit die Samen und

Unkräuter noch im warmen Spätsommer auflaufen können. Mit dem Tiefpflügen werden dann die oberen Bodenschichten für den Winter vollends 15 Zentimeter tief gepflügt. Die in der feuchten Erde verrottenden Pflanzenreste sind in den kommenden Monaten ein Fest für die Würmer. Es sind riesige Mengen, die sie so in Windeseile kompostieren. Regenwürmer tun eigentlich nichts anderes, als sich durch den Boden hindurch zu mümmeln und hinter sich fruchtbarste Erde wieder auszuscheiden. Sie lieben lockeren, humosen Boden und graben dort laufend auch vertikal kleine Gänge, die auch der Bodenlüftung und der Bewässerung dienen. Regenwürmer können, wie es ihnen gefällt, vorwärts oder rückwärts graben. So bilden unsere Regenwürmer schon seit je den Weg für den Feuchtigkeitsaustausch von unten nach oben und von oben nach unten. Wenn es unten zu nass ist, steigt in den Gängen der Regenwürmer durch die Kapillarwirkung die Feuchtigkeit nach oben und umgekehrt. In Heuerstubben gab es auf einigen Feldern lehmige Kuppen, die unseren Würmern zu fest und fett waren. Sie haben diese gemieden und das Korn zeigte jedes Jahr, dass auch der Weizen an diesen Stellen nicht so ertragreich war wie auf dem übrigen Acker. Schon die Etrusker, die Italien vor den Römern besiedelten, wussten diese emsigen Haustiere zur Bodenverbesserung zu nutzen. Sie haben Komposthaufen zu ihrer Vermehrung angesetzt und das fertige Substrat als Dünger auf die Felder gebracht. Nitrophoska, den kombinierten Kunstdünger von BASF (Stickstoff, Phosphor, Kali und Spurenelemente), gab es damals noch nicht. Dieses Blaukorn verspricht zwar mehr Ertrag, aber keine nachhaltige Bodenverbesserung.

Regenwürmer können bis zu dreißig Zentimeter lang werden. Sie finden ihr Paradies in gut gepflegten Komposthaufen im Garten. Wenn Du im Herbst oder Frühjahr mit dem Spaten den Garten umgräbst, kommt es immer wieder vor, dass Du dabei einen Regenwurm in der Mitte durchtrennst. Beide Teile winden sich dann im Stress und Schmerz vor Dir am Boden. Es stimmt nicht, dass aus beiden Teilen nun zwei Regenwürmer werden, auch wenn im hinteren Teil die Nervenzellen noch lange am Leben bleiben, regeneriert sich nur der vordere Teil zu einem neuen Wurm. Dieses Wissen nutzen die Maulwürfe, deren Lieblingsspeise Regenwürmer sind. Sie beißen den armen Tieren das hintere Drittel ab und horten dieses zusammen mit anderen Hinterteilen der Würmer für karge Zeiten.

In den sechziger Jahren, der Mähdrescher hatte die alles bestimmende Herrschaft über die Felder übernommen, hinterließ er lange Schwaden des abgedroschenen Strohs auf dem Feld hinter sich. Im Stall wurde es nicht mehr gebraucht. Auch in Heuerstubben verließen wir uns auf die Empfehlungen des Bauernblattes und der landwirtschaftlichen Beratung und verbrannten das Stroh auf den Feldern. Das war jedoch die Biomasse, welche die Regenwürmer gern in Humus verwandelt hätten. Ein paar Jahre später wurde diese Praxis von den Agrarbehörden verboten. Jetzt wurde vom Mähdrescher das Stroh so klein gehäckselt, dass es breit gestreut auf den Boden fallen und gut untergepflügt oder von den Regenwürmern selbst in die Unterwelt gezogen werden kann.

Warum heißen die Regenwürmer Regenwürmer? Weil sie bei Regen an die Oberfläche kriechen, um nicht zu ersaufen? Die Wissenschaft meint, ja, das sei eine Möglichkeit. Eine andere Möglichkeit sehen sie darin, dass diese Haustiere im Mittelalter auch „Rege Würmer" genannt wurden und daraus Regenwürmer wurde. Die Forschung hat aber auch festgestellt, dass die Würmer monatelang im Wasser existieren können, ohne zu ertrinken. Wenn sie in ihrer Not nach draußen kommen, werden sie von den Igeln, Amseln, Fröschen, Fuchs und, vergessen wir in Holstein nicht die Möwen, gefressen. Der schlimmste Feind unserer liebsten Würmer ist aber der Maulwurf, der permanent unter der Erde nach ihnen gräbt. Du siehst es an den Maulwurfshaufen auf den Wiesen, wo es viele Regenwürmer gibt. Einmal hatten wir einen so trockenen Sommer, dass Wurm und Maulwurf nicht mehr durch die knochenharte Erde hindurch kamen und großes Elend litten. Im Entenhag des Hofes hatten die Vögel so mit der Tränke geplanscht, dass der Boden fast zwei Meter um dieselbe satt durchfeuchtet war. Dies nutzten Würmer und Maulwurf zum Überleben. Die feuchte Schicht war aber so flach, dass der Maulwurf nur knapp unter der Grasnarbe graben musste, so dass man direkt sehen konnte, wo er gerade wühlte.

Während eine Kuh, vom Fachmann hier Großvieheinheit (GVE) genannt, in Botswana bis zu 18 Hektar braucht, um sich in den extrem ariden Weidegründen zu ernähren, kommt eine Holsteiner Kuh mit ihren satten Weiden mit nur etwa einem Hektar aus. Auch für Schweine oder Hühner im Stall gibt es Obergrenzen für die Bestandsdichte, die nicht überschritten werden sollten – eines der dramatischen Themen. Diese landwirtschaftliche Regel gilt nicht für Regenwürmer. Es können gar nicht genug pro Fläche sein. Regenwürmer sind Zwitter. Das heißt, jeder

Wurm hat beides: weibliche und männliche Geschlechtsorgane. Egal, welcher Wurm einen anderen trifft, er kann sich immer mit diesem vermehren. Bis die jungen Würmer selbst wieder geschlechtsreif werden, vergeht allerdings ein Jahr. Man schätzt, dass auf einem exzellenten Boden bis zu 400 Regenwürmer pro Quadratmeter gezählt werden können. Hinzu kommt noch eine weitere Schar von Bodenorganismen wie Asseln, Milben, Käfer, Algen, Pilze, Larven und unendlich viele Bakterien. So ist es auf dem Lande grundsätzlich unter der Erde lebhafter als darüber, vorausgesetzt der Boden wurde von uns für den Straßen- oder Siedlungsbau nicht zubetoniert. Jede Bodenbearbeitung und noch mehr das Abbrennen oder Abtransportieren von Stroh schädigt und reduziert die Lebensqualität und Ernährungsbasis der Bodenlebewesen.

Die Wissenschaftler des Thünen-Institutes in Braunschweig haben sich Gedanken über die Bodenverdichtung durch Pferde und Maschinen auf dem Acker gemacht; darüber wie der Mensch nicht wieder zudrückt, was der Wurm an Hohlräumen geschaffen hat. Diese Bundesforschungseinrichtung hat die Aufgabe, Vorlaufsforschung für die Politik und Arbeit des Ministeriums zu machen. Zero Ploughing, die pfluglose Bodenbearbeitung, die vor allem im anglophonen Sprachraum populär wurde, sucht die Bodenstruktur so wenig wie möglich zu stören. Direkt in den abgeernteten Acker, auf dem die Pflanzenreste oben liegen bleiben, wird mit Spezialdrillmaschinen eingesät. Einen solchen Acker habe ich während einer Exkursion von der Michelsenschule, unserer landwirtschaftlichen Hochschule in Hildesheim, gesehen. Überall sah man Regenwürmer, die alte Blätter und sonstige Pflanzenreste in ihre Löcher zogen, um sie danach unterirdisch zu verspeisen. Da waren viele Haustiere mit großer Wirkung unterwegs. Auch der ökologische Landbau kümmert sich um die emsigen Würmer und bemüht sich, dass es ihnen gut geht. Ich muss gestehen, in Heuerstubben hätte es mit der Fürsorge für die Regenwürmer besser laufen können. Schon als Kind in Heuerstubben wurde uns für unsere eigenen „Kindergärten" im großen Garten am Haus Respekt vor diesen Haustieren beigebracht.

Zum Regenwurm ist es mir nur unvollkommen gelungen, eine emotionale Beziehung aufzubauen. Die Tiere winden sich und wollen weg, wenn man sie in der Hand hält. Sie sind uns doch arg fern so ohne Augen und Lichthunger, noch ferner als die Karpfen. So gelingt es mir auch nicht, Fünf Freiheiten für die Würmer zu formulieren. Sie haben aber wohl auch

eine Seele und gehören unverzichtbar zu unserem ökologischen Schatz,
Teil des großen Ganzen der Natur, der gern vergessen wird.

Sanftmütige Milchkühe

Neben den Ziegen und Schafen zählen die Rinder (*Bovinae*) auch zu den Paarhufern und zu den Wiederkäuern. Das Schwein, auch ein Paarhufer, ist jedoch keiner. Das Hausrind (*Bos primigenius taurus*) stammt vom Ur oder Auerochsen ab und wurde schon vor mehr als 12.000 Jahren domestiziert. Rinder sind die wichtigsten Wegbereiter der menschlichen Entwicklung weg vom Jäger und Sammler hin zum Hirten und Ackerbauern. Im Verlauf der Jahrtausende sind viele, teilweise sehr unterschiedliche Rassen entstanden. Beispielsweise das Zebu mit seinem Fettbuckel auf dem Rücken in Indien, das Yak mit seinem arttypisch vorgestrecktem Hals als Lasttier in der Himalaya-Region oder die schwarzen Kampfstiere Spaniens. In der heutigen Landwirtschaft unterscheidet man zwischen Milch- und Fleischrassen. Die französischen Charolais und Limousin sowie die britischen Galloway und schottischen Hochlandrinder sind Fleischrassen, die oft das ganze Jahr über auch im Winter mit viel Freiheiten ausgestattet draußen leben können. Die feingliedrigen kleineren Jersey oder die Angler sind Milchkuhrassen mit hohem Fettgehalt von 4,5% und mehr. Holstein-Frisian, Nachfahren der Schwarzbunten, mit denen ich aufgewachsen bin, sind noch heute vor dem Braunvieh in den Alpenländern die häufigste Rinderrasse zur Milchgewinnung in Europa.

Nachdem die Pferde aus der Landwirtschaft verschwunden waren, nahmen die Kühe den ersten Platz am Hofe ein. Der dürftig belüftete Kuhstall war ein stattlicher Bau aus der Zeit, als Ziegelsteine durch Beton ersetzt wurden. Als Kunst am Bau waren zwei Stierköpfe mit wehrhaften Hörnern über den Türen angebracht, davor eine riesige, kopfsteingepflasterte Mistgrube. Der Kuhstall bot Platz für bis zu 100 Milchkühe. Daneben gab es noch einen Jungviehstall und einen Kälberstall. Die Wohnung des gelernten Melkermeisters, der damals noch „Schweizer" genannt wurde und seinen Status durch eine kleine Perle im Ohr deutlich machte, war direkt in den Kuhstall integriert. Der Schweizermeister hatte einen eigenen, gehobenen Stand auf dem Hof und war dem Verwalter nur bedingt unterstellt. Er hatte eigene Lehrlinge und sorgte sich eigenverantwortlich um sein Vieh. In den Sommermonaten war das Vieh auf der Weide. Auf den Travewiesen wurde Heu gemacht. Neben Heu wurden im Winter Runkelrüben und

Konzentrat gefüttert. Auf dem doppelstöckigen Schrotboden des Kuhstalls lag Gerste, manchmal Saubohnen und Erbsen und in den späteren Jahren importiertes Konzentrat wie Soja und Maniok, welches der Importeur aus Hamburg angeliefert hatte. Später wurden die Rüben durch Silage von den Wiesen ersetzt. Ackerflächen wurden zunehmend für den Anbau von Marktfrüchten wie Weizen, Raps oder Braugerste umgewidmet, das Feldfutter verschwand. Der Schweizer sorgte sich auch darum, dass zu Erntezeiten genügend Stroh eingefahren wurde, damit er seinen Kühen dicke, warme Einstreu bieten konnte. Täglich wurde der Stall zwei Mal von Hand gemistet. Die Jauche floss in eine große Jauchegrube, die einmal im Jahr bei Frost auf den Winteräckern ausgebracht wurde. Zu viel Gülle von Spaltböden und dadurch die Verseuchung von Böden und Grundwasser gab es in Heuerstubben nicht.

Auch die Rinder blieben vom Spieltrieb von uns Jungen nicht verschont. Wir konnten sie streicheln, am Horn ziehen und durften uns auf sie setzen, aber nicht zum Laufen oder sogar Galopp antreiben. Rinder brauchen Ruhe, zeigen aber viel Verständnis für Kinder. In einem Jahr hatten Dasseln ihre Eier auf dem Rücken der Jungrinder eingegraben und wir konnten die fetten, weißen Larven aus dem Rücken der Infizierten herausdrücken. Dasselfliegen oder Bremsen sind Endoparasiten, die auf Huftiere angewiesen sind, um sich zu vermehren. Die Fliegen bohren sich durch die dicke Lederdecke des Rinderrückens und legen dort ihre Eier ab. Wenn die Larven groß wie Engerlinge geworden sind, tauchen sie aus dem Rücken des armen Rindes wieder auf, puppen sich zu Fliegen und fliegen weiter, um andere Rinder zu plagen. Unsere Operation muss für die Tiere ein sehr erleichternder Vorgang gewesen sein.

Alle Kühe haben vier Mägen. Sie verschlingen das Gras ohne es zu kauen. Wenn sie aber Zeit haben, legen sie sich gemütlich hin und käuen wieder. Wenn eine ganze Herde auf der Weide verstreut sich zum Wiederkäuen niedergelegt hat, kannst Du sehen, wie die heruntergeschluckten Grasballen im Schlund der Tiere wieder zum Kauen in das Maul hochgedrückt werden und nach dem zweiten Schmaus wieder herunterrutschen. Wenn Du dann im Spiel mit der Hand die Kehle ein wenig zudrückst, kommt der Grasballen nicht weiter und die Kuh muss warten, bis Du Deinen Unsinn beendet hast. Solche Übungen verschaffen Dir im Spiel ein tieferes Verständnis für Rinder, die es dulden und das ist gut so. Wer von den Jugendlichen heute weiß noch, dass Rinder Wiederkäuer sind und wie dies funktioniert? Durch diese praktischen, hautnahen Übungen von uns Kindern ist dieser Vorgang der Natur für mich unvergesslich geworden.

Mein zweites landwirtschaftliches Lehrjahr habe ich auf dem elterlichen Hof absolviert. Mein Vater war Lehrherr und wies mir vor allem den Kuhstall zu. Dort musste morgens ab vier Uhr jeden Tag, auch an Wochenenden, gemolken werden. Dafür stand zwar die Melkmaschine Alfa Laval mit ihren 20-Liter-Eimern zur Verfügung. Das An- und Abmelken der Kühe musste dennoch von Hand geschehen. Die Züchtung der Euter auf Maschinenmelkbarkeit war noch nicht so weit, dass man darauf verzichten konnte. Ich selbst zog jedoch stets das Handmelken vor, weil ich vor allem in der Früh, wenn ich gegen 2 Uhr morgens von meinen Ausflügen aus Ahrensbök zurückkam, so hundemüde war, dass es sich auf einem einbeinigen Schemel, den Kopf an der warmen Flanke der Kuh, gut weiter von meinen erotischen Erlebnissen der Nacht träumen lies. Das Melken selbst kannst Du fast im Schlaf erledigen. An diesen Morgenden waren unsere Schwarzbunten für mich riesige, kuschelige Wesen mit absolut friedlichem Gemüt, wie es wirklich nur Kühe haben können. Jede in voller Laktation stehende Kuh genießt es, wenn sie sich sanft aber zügig, die Finger mit Melkfett weich gemacht, melken lässt.

Für meinen Einstand im Kuhstall hatte mir meine Mutter einen wunderschönen, gedrechselten, einbeinigen Melkschemel aus Birnenholz geschenkt. Mit dem daran befestigten Ledergürtel schnürst Du Dir den Hocker um die Hüften und brauchst Dich dann nur auf das eine Bein zu setzen, um perfekte Melkhaltung einzunehmen. Am zweiten Tag kam ich nachmittags in den Stall und sah meinen Schemel am Schwanz der ältesten Kuh, Berta, mit dem Gürtel gut vertüdert. Melkermeister Hüttmann hatte sich diesen Spaß gemacht, um das Gefälle zwischen Meister und Stift zu markieren. Nun, ich habe gute Miene zum Spiel gemacht, auch nachdem Berta just mir bei meinem Eintreffen im Stall auf den hellen Birnensitz ihren Nachmittagsfladen setze. Ich habe wortlos meinen Hocker abmontiert, bin in die Milchkammer gegangen, um ihn sauber zu waschen und setzte mich mit meinem eingeführten Gerät unter Berta, um zu melken.

Das Handmelken als tägliche Routine ist in Deutschland selten geworden. Du gehst mit Deinem 10-Liter-Eimer aus Stahlblech von rechts an die Kuh heran. Mit dem vom Lederriemen um die Hüfte gehaltenen Schemel lässt Du Dich dicht neben der Kuh nieder und stützt Dich dabei, um das Gleichgewicht zu halten, mit der linken Hand am Widerrist Deiner Kuh ab und lässt Dich nieder. Wichtig ist, dass Du sicher und unmittelbar neben der Kuh Platz nimmst. Warum? Die Kuh melkt man nicht mit ausgestreckten Armen, sondern die Ellbogen 90 Grad angewinkelt zum Oberarm, so dass Deine Hände unmittelbar unter dem Euter sind. Zunächst melkst Du die beiden hinteren Zitzen, da ist immer etwas mehr drin als vorn, dann die beiden Vorderen, nicht über Kreuz oder sogar erst die beiden Dir zugewendeten und danach die beiden anderen Zitzen. In den Hinteren sowie in den Vorderen ist nämlich in der Regel jeweils gleich viel Milch. Mit Deiner warmen Hand wischst Du einmal über das Euter mit seinen vier Zitzen, man sagt auch Striche, um diese von Stroh und anderem Unrat zu befreien, bevor die Zitzen mit dem trüben, geruchlosen Melkfett eingerieben werden. Deine Kuh ist dabei ganz ruhig geworden und lässt genussvoll ihre Milch ins Euter herunter. Wissenschaftler haben festgestellt, die meiste Milch entsteht erst während des Melkens in der Umwandlung der Körpersäfte in Milch. Die Größe des Euters ist also kein eindeutiges Zeichen für viel Milch. Du spürst, wie die Striche durch die vom Körper strömende Milch stramm werden und melkst, indem Du Deine Hände vom Daumen begonnen der Reihenfolge der Finger nach bis zum kleinsten Finger hinunter zu einer Faust zusammenpresst und die ganze Hand dabei etwas – nur nicht ziehen oder sogar zerren! - herunterdrückst. Jedes Faustmachen lässt einen strammen Strahl von etwa einem viertel Zahnputzbecher wunderbarer, warmer, duftender Milch in Deinen Eimer rauschen. Am Anfang hörst Du das metallische Geräusch, wenn der Strahl noch gegen den Stahl des Eimers knallt, danach das sanftere, rauschende Geräusch des Strahls, der in den sich füllenden Eimer schießt. So hören sich Tropengewitter an, in denen es Cats and Dogs regnet, wie die Engländer sagen. Es bildet sich schnell Schaum auf dem Eimer, wie in einem Bierglas, nur warm und duftend. Trifft Dein Melkstrahl auf den Schaum wird der Ton tiefer und befriedigend rund. Dein Eimer ist in zehn bis fünfzehn Minuten voll mit Milch und der Schaum droht über den Eimerrand hinaus zu fließen. Dies ist für Kuh und Melker ein hoch befriedigendes Tagwerk. Für mich ist Handmelken bis heute die liebste, landwirtschaftliche Beschäftigung geblieben. Im Wettbewerb mit anderen Bauernburschen auf dem Sophienhof, der

Milchkuhschule für die Landjugend der Landwirtschaftskammer Schleswig-Holstein bei Flensburg habe ich öfters gewonnen. Die armen 40 Kühe, die dort zu Trainingszwecken aufgestellt waren, hatten vom dilettantischen Melken der vielen Junglandwirte völlig verdorbene Euter. Die meisten waren so schwer zu melken, dass Du froh warst, mal ein gutes Euter zu erwischen.

Den ganzen Sommer über, vom Mai bis zum September, weideten die Kühe hinterm Haus. Die Travewiesen waren eine riesige Flussebene, die bei uns die Schokoladenseite des Hofs hieß. Zum Melken mussten die Kühe über den Hof in den Kuhstall getrieben werden, ein täglicher „Almabtrieb", der die Sommergäste Heuerstubbens stets zum Schauen veranlasste. Es ging dabei gemächlich zu, zugegeben ohne Glocken und es dauerte schon mal fast eine Stunde, bis die Viecher von der Trave kommend im Stall an ihrem Platz standen, um gemolken zu werden. Eines Morgens, der Hund war krank und konnte nicht mit, schwebte über der Flussebene dicker, weißer Nebel, so dass ich keine Kühe sehen konnte. Es war gegen vier Uhr morgens und das Weiß lichtete sich gerade, weil die Sonne aufging und einen strahlenden Tag verhieß. Manchmal setzt sich der steigende Nebel so scharf auf seiner Unterkante von der klaren Luft ab, dass Du den Eindruck bekommst, Sahne schwebt auf klarem Wasser. Wenn ich mich bückte, konnte ich so meine Viecher erkennen und sie auffordern, doch bitte gefälligst nach Hause zum Melken zu kommen. Ich habe mich intensiv mit Weidewirtschaft befasst und lernte in der landwirtschaftlichen Berufsschule und aus Büchern, welche Gräser am nährreichsten und wuchsfreudigsten auf Wiesen und Weiden in Heuerstubben wuchsen. Dies Wissen haben wir in Heuerstubben dann auch für Nachsaaten und die richtige Düngung genutzt. Viel Spaß hat mir die Einführung der neuen Technologie des Elektrozaunes gemacht. Du hast ein Strom führendes Seil und sagen wir zwanzig leichte Weidepfähle, die Du leicht mit dem Fuß in den moorigen Boden drückst und kannst so den Kühen in nur einer halben Stunde ein neues Stück frisch gewachsener Weide zuteilen. Um zu vermeiden, jedes Mal, wenn ich den Weidezaun versetzen sollte, einen Kilometer zum Hof zu laufen, um den Strom abzustellen, hatte ich mir einen Handstock mit einem Stromprüfer am Knauf präpariert. So konnte ich jederzeit feststellen, ob meine Kühe und ich vom Schlag gefährdet waren oder nicht. Wie gefährlich Strom sein kann, haben wir 1964 in Heuerstubben erlebt. Es gab ein heftiges Gewitter mit heftigen Regenböen. Wie Rinder eben sind, boten unsere Jungrinder dem Wetter die Stirn, drängten sich zusammen und rückten bis hinten an den Drahtzaun. Ein Blitz schlug in den Zaun ein und zwei Tiere waren tot.

Den ganzen Winter über waren unsere Kühe auf ihrem Stand angebunden, wahrlich keine ideale Lösung, was das artgerechte Halten von Rindern betrifft. Jährlich mussten den Tieren deshalb die Klauen beschnitten werden, was bei Auslauf kaum nötig gewesen wäre. Auch wurden ihnen gleich nach der Geburt die Kälber weggenommen und in den Kälberstall gebracht. Die frisch geborenen Kälber wurden ihren Müttern nicht gezeigt, um keinen Muttertrieb aufkommen zu lassen. Das ist bei den Mastrindern anders. Abgesehen von einigen Betrieben mit Intensivbewirtschaftung hat sich dort die Mutterkuhhaltung auf den geringeren Böden eines Hofes durchgesetzt. Wenn es nicht zu hart kommt, fühlen sich diese Rinderrassen auch im kalten Winter draußen wohl. Es sind eben robuste Tiere wie die Charolais, die ich in Frankreich kennengelernt habe. Deren Bullen sind friedlich, die Mutterkühe jagen Dich aber schnaubend von der Weide, wenn sie ihre Kleinen bedroht sehen.

Das Kolostrum, die Biestmilch der ersten drei Tage nach der Geburt, wurde an die Kälber vertränkt. Danach ging alles bis auf ein paar Liter Milch in die Molkerei nach Gnissau. Die Kleinen mussten erst im Stall aus dem Eimer trinken lernen, was ihrem Impuls, den Kopf nach dem Euter zu heben und zu saugen widersprach. Kälber stupfen die Euter ihrer Mütter, um den Milchfluss anzuregen. Diesen Impuls tragen sie in sich. Er funktioniert auch, wenn Du Deine Kälber aus dem Eimer tränkst. In ihrer Freude über die warme Milch wedeln sie dabei heftig mit dem Schwanz. Du musst zum Tränken mit dem Eimer drei etwas gespreizte Finger in die Milch des Eimers halten und den Kopf des Kalbes nach unten drücken. So lernt das Kalb in zwei Tagen nach unten zu saugen und nicht den Kopf hoch zum Euter zu halten. Dabei müssen die Finger aber so gehalten werden, dass die Handoberfläche nach oben zeigt. Rinder, auch schon die frisch geborenen Kälber, haben im Oberkiefer keine Zähne, wohl aber im Unterkiefer. Sie würden beim Tränken schmerzhaft auf die Fingeroberfläche drücken, wenn Du Deine Hand falsch herum zum Kälberkopf in den Eimer steckst. Weil Rinder, anders als Pferde, im Oberkiefer keine Zähne haben, beißen sie beim Grasen das Gras auch nicht mit den Zähnen ab, sondern umklammern die Grasbüschel mit ihrer langen Zunge und reißen es ab. Daher können Rinder eine Weide nie so kurz abgrasen wie Pferde. Die Zungen der

Kühe sind so lang, dass sie sich damit locker in der Nase bohren können und immer wieder ihr breites, graues Flotzmaul feucht halten. Kein anderes Haustier hat eine so beeindruckende Zunge. Die Kälber brauchen schon wenige Tage nach der Geburt Raufutter, also Heu oder Stroh, zum Fressen sonst leiden sie bald fürchterlich. Ungeachtet dessen haben Bauern und Schlachter ihren Kunden das weißfleischige Kalbfleisch von Tieren angeboten, die drei Monate lang nach der Geburt nur Milch bekamen. Diese Tierquälerei ist inzwischen in Deutschland verboten.

Damals, als es noch keine industrialisierte Vermehrung, sprich künstliche Besamung gab, hatte jeder Hof mit mindestens 30 Kühen seinen eigenen Bullen. In den Dörfern mit kleineren Höfen hatte der Dorfbulle amtliche, ja hoheitliche Funktion und unterstand direkt dem Bürgermeister. Immer war der Bulle ein wichtiger Repräsentant, ein Stolz unserer bäuerlichen Kultur, mit dem sich auch unsere Vorstellungen von Männlichkeit verbanden. Selbstverständlich stand den Heuerstubbener Kühen zur Vermehrung ein hofeigener Bulle zur Verfügung. Wenn die Kühe zusammen mit ihrem Bullen nicht gemeinsam auf der Weide waren, residierte das stattliche Tier außerhalb des Kuhstalles in einem eigenen, ziemlich großen Bullenstall mit Hag so dass der Bulle auch nach Belieben ins Freie gehen konnte. Er wohnte direkt gegenüber von unserem Haus und wenn wir im Sommer auf der Terrasse saßen, konnten wir das gewaltige, fast eine Tonne schwere Tier beobachten, wie es mit hoch erhobener Nase zum Kuhstall hinüber schnüffelte, um den Duft seiner Kühe zu erwischen. War eine Kuh oder ein Jungrind bullig, wurde es zum Decken geführt. Im Sommer aber lief der Bulle zusammen mit den Kühen auf der Weide und sorgte selbst dafür, dass alle bulligen Rinder besprungen wurden. Mein Vater war Herdbuchzüchter und hat auch mich für die Rinderzucht begeistert. Wir waren Mitglied im Schleswig-Holsteiner Verband der Schwarzbunten, züchteten eigene Jungbullen, die in der Lübecker Holstenhalle in einem großen mit Sägemehl ausgestreuten Ring vorgeführt wurde. Über dem Ring stand pathetisch „Up ewig ungedeelt", was bedeutete, dass unser Land nie wieder zwischen Dänen und Preußen zerschnitten werden sollte. Diese Auktionen waren ein festlicher Anlass zu zeigen, was man im letzten Jahr züchterisch geleistet hatte. Unsere Rasse, die Schwarzbunten, war eine Zweinutzungsrasse, die neben Milch auch Fleisch brachte. Es gab ein 100-Punkte-System, nach dem jeder Jungbulle von Experten und von uns, den Züchtern in der Holsteiner

Landjungend, gekört wurde. Es kam eben nicht nur auf die Milchleistung an, sondern auch darauf, dass der Wuchs des Tieres den Normen der Experten entsprach und dann während der Auktion auch entsprechende Preise erhielt. Diese Exterieurmerkmale sind heute weniger gefragt.

Für die Heuerstubbener Herde war Blutauffrischung angesagt. Mein Vater hatte einen Jungbullen von Fritz Mackeprang, einem der wichtigsten Holsteiner Schwarzbuntzüchter von der Insel Fehmarn, erworben. Er bekam den stolzen Namen Frederikus und beschnüffelte ausgiebig seine neuen Rinderdamen, seines neuen Status als einziger Mann in der Gruppe von Weibern noch nicht ganz sicher. Die anfängliche Neugier unserer Damen ließ schnell nach und sie schienen die Männlichkeitsgesten des jungen Spundes zu belächeln. Frederikus war gehalten, sich in die große Ruhe der Herde einzufügen und gefälligst zu warten, bis die eine oder andere Kuh Empfangsbereitschaft zeigte. Fritz Kuhlmann, für die Kühe verantwortlich, kam schon am dritten Tag nach Ankunft von Frederikus aufgeregt von der Weide auf den Hof gerannt, „Der neue Bulle ist in der Trave versoffen". Wir sind alle hinuntergelaufen und sahen, dass Frederikus in der Tat den Zaun durchbrochen und bis zum Hals im großem Zulaufgraben der Flurentwässerung, keine 20 Meter von der Trave entfernt, eingesunken war und sich aus eigener Kraft nicht mehr befreien konnte. Er schaute wirklich nur noch mit dem Kopf aus dem Schlamm. Im Kampf um Selbstbefreiung war Frederikus schon ganz erschöpft und schaute uns mit großen rollenden Augen ratlos, in Todesangst an. Seine Kühe hatten ihn seinem Schicksal überlassen. Nach ausführlichen Beratungen, wie man das schwere Tier befreien könnte, wurde ein Schlepper mit Frontlader geholt, Frederikus ein Pferdegeschirr um die Hörner gelegt und mit einer Kette an die Schaufel des Frontladers angekettet. Die Hydraulik des Schleppers hob ganz langsam an. Dem Tier hätte durch die Hebekraft, wenn wir nicht ganz senkrecht in die Höhe gezogen hätten, das Genick brechen können. Frederikus machte in seiner Verzweiflung und Endstimmung zwei, drei dumpfe Ächzer aus tiefster Kehle. Der Arme tat uns in der Seele leid. Die Prozedur dauerte fast eine Stunde, dann stand Frederikus, aus seinem Moorbad gerettet, betroffen in unserer Mitte. Gegenüber auf der anderen Seite der Trave stand eine junge, attraktive Kuh aus Blomnath und schaute herüber. Sollte sie Frederikus in diese Verderbnis verführt haben? Die andere Seite der Trave galt für die Heuerstubbener fast als Ausland, unerreichbar.

Die Amerikaner und die Künstliche Besamung haben diesem Fest ein Ende bereitet. Die US-Rinderrasse „Holstein-Frisian waren ursprünglich Schwarzbunte, die zur Weiterzüchtung in die USA gebracht worden waren. Dort entstand in weniger als 20 Jahren durch intensive Züchtung der milchbetonte Einnutzungstyp der Kuh, ein schlankes, hochbeiniges Rind mit enormer Milchleistung. Während bei uns in den sechziger Jahren der Milchertrag einer Kuh während der Laktationsperiode eines Jahres im Durchschnitt 3.500 – 5.000 Liter betrug, hatten die amerikanischen Sprinter Jahreserträge von 10.000 Liter und mehr. Der Rucksackbulle, so hieß bei uns der Tierarzt, der zur Künstlichen Besamung auf den Hof kam, hat die Hofbullen überflüssig gemacht. Ein guter Vererber garantierte für seine Töchter einen hohen Milchertrag und war durch die Verdünnung der Samen in der Lage, pro Jahr mehr als 50.000 Kühe zu befruchten. Auch in Heuerstubben wurde die künstliche Besamung eingeführt und der Hofbulle ging, wie in allen anderen Holsteiner Höfen, an den Schlachter. Heute werden von kommerziellen Zuchtgesellschaften sogenannte Besamungsstationen mit nur wenigen Bullen geführt. Ihr Samen wird aufbereitet, tiefgefroren und geht tausendfach per DHL in alle Welt.

Unsere Herde war Teil der Herdbuchzucht des Verbandes der Schleswig-Holsteiner Schwarzbuntzüchter mit Sitz in der Hansestadt Lübeck. Jede Kuh dokumentierte ihre Mitgliedschaft durch eine Ohrmarke mit einer Nummer, die in irgendeiner Akte im Büro des Verbandes wieder auftauchte. Die Leistungsmerkmale des Verbandes, denen auch mein Vater folgte, waren im Wesentlichen viel Milch, viel Fett in der Milch und viel Fleisch für den Schlachter. Hat darunter die Lebensfreude unserer Schwarzbunten Einbußen erlebt? In Bezug auf die Geburten im Heuerstubbener Kuhstall möchte ich diese Frage eindeutig mit ja beantworten. Die Kälber, die von den Muttertieren geboren werden mussten, waren zu groß. Wie der Mensch ist die Kuh neun Monate tragend, dann setzen die Wehen ein. Acht Wochen vor der Geburt wird die Kuh trocken gestellt, damit sie alle Kraft auf ihr Kalb konzentrieren kann. Du siehst vor allem auf der rechten Seite, dass der Bauch runder wird und wenn Du ihn eindrückst und schnell wieder mit der Hand zurückgehst, kannst Du das Kalb spüren, welches des Fruchtwassers wegen erst einen kleinen Moment später an der Stelle, an der Du gedrückt hast, zurück klopft. Eine Kuh, die kalben will, wird wärmer und ihre Sehnen um den Geburtskanal herum werden so locker und weich, dass Du sie tief eindrücken kannst. Den Unterschied kannst Du in frappierender Weise am Schwanzansatz ertasten. Kurzum, die Erwartung der Geburt ist etwas Wunderbares, selbst wenn dies nachts anstand und man aufstehen musste. Die Geburten in Heuerstubben selbst waren aber viel zu schwer und damit schmerzhaft. Ich habe bei weit mehr als 100 Geburten Geburtshelfer spielen müssen. Das waren bisweilen Stunden dauernde Prozeduren, während derer wir zu zweit ziehen mussten, um die Kälber ans Licht zu bekommen. Insbesondere bei Steißgeburten konnte es sein, dass dies nicht gelang, der Tierarzt gerufen werden musste und das Kalb im Geburtskanal mit einer speziellen Seilsäge zersägt werden musste, um die Mutter von ihrem Balg zu befreien. Für alle, die Kühe lieben, ist dies ein traumatischer Vorgang. In einem Falle einer besonders wertvollen Kuh, von der mein Vater den Nachwuchs retten wollte, hat der Veterinär im Stall einen Kaiserschnitt durchgeführt. Die Kuh blieb dabei stehen und wurde nur lokal betäubt und wir konnten das Kalb aus dem offenen Leib herausheben. Kurzum, die Geburten in Heuerstubben waren oft grausam. Schuld daran haben der Verband und seine Züchtung, welche dieses Zuchtkriterium, leichte Geburten durch kleine Kälber nicht angemessen berücksichtigt hat. So kann Züchtung erhebliche Ursachen in Bezug auf die Einschränkung der Freiheiten der Tiere, durch Schmerz, Angst und Stress bewirken.

Rinder können wüst, ja blindwütig sein. Mein Chef in Frankreich hatte einen kleinen Lastwagen, mit dem ich seine Pferde zu Auktionen und Körungen nach Vittel oder seine Jungbullen zu den Kunden fuhr. Drei Mastbullen der Rasse Charolais hatte ich mit dem Lastwagen zum Schlachthof nach Reims zu fahren und dort den Schlächtern zu übergeben. Als ich am Ende der rumpeligen Fahrt, die Heckklappe öffnete und die nervösen Tiere frei ließ, drehte einer der Bullen durch, galoppierte über den kleinen Hof und krachte mit den Hörnern gegen die Schlachthofmauer. Ich konnte mich nur durch einen Satz zur Seite retten, sonst wäre ich von dem Tier zermalmt worden. Im Frühjahr, wenn die Milchkühe in Heuerstubben das erste Mal auf die Weide kamen, passierte es oft, dass einige unkontrolliert in eine Richtung rannten, ohne Ziel, nur um sich auszutoben. Das ist ein klares Zeichen von extremem Stress, den wir unter allen Umständen vermeiden müssen. Bei den sonst so ruhigen Geschöpfen kann ich dies nicht einfach als lustvolle Befreiung von monatelanger Anbindung im Stall interpretieren. Wir müssen noch besser die Gefühle unserer Haustiere kennen lernen. Nur bei den afrikanischen Büffeln, sie gehören ja auch zum Tribus „Rinder", habe ich

Ähnliches erlebt. Sie leben meist in großen Herden und mögen weder Löwen noch Menschen. Wenn die Büffel Witterung von ihnen aufgenommen haben, kann dies in der ganzen Herde zu einem Adrenalinschock führen. Die Tiere schnauben wild, drehen sich um und jagen davon.

Wie stand es früher und steht es heute mit den fünf Freiheiten der Kühe in Holstein? Es werden nur noch wenige Milchrinder gehalten. Die meisten Weiden gehören heute den Pferden, die auf ihren Höfen ihre Gäste und Besitzer aus der Stadt empfangen. Für die Milchkühe wurden in den letzten Jahren neue Stalltechnologien entwickelt, die verglichen mit meiner Zeit, in der ich in Heuerstubben Kühe gemolken habe, erhebliche Vorteile haben. Dass sie früher mehr als sieben Monate im Winter sowie im Frühling und Herbst an einem Stand mit der Kette am Hals gefesselt ausharren mussten, war eine klare Freiheitsberaubung, die wir unseren Tieren antaten. Heute leben die Kühe in modernen Laufställen und können sich so den ganzen Tag in der Herde bewegen und dabei soziale Kontakte pflegen. Durch die Melkroboter haben sie die Freiheit, sich durch den Automaten melken zu lassen, wann immer sie das Bedürfnis dazu verspüren. Der Transponder am Hals der Kuh sagt dem System, um welche Kuh es sich handelt und wieviel Kraftfutter sie durch den Automaten während des Melkens in den Trog geschüttet bekommen soll. Die erfahrenen Kühe nutzen diese Möglichkeit des Fressens und Melkens zur gleichen Zeit bis zu drei Mal am Tag. Der Roboter sagt dem Bauern dann, wie viel Milch die Kuh gegeben hat und ob die Kuh gesund ist oder sich mit Mastitis oder womöglich etwas anderem infiziert hat. Aber auch den Kühen in den modernen Laufställen fehlt der Auslauf auf der Weide. Es ist wirtschaftlicher für den Bauern, seine Kühe im Stall zu lassen und ihnen das Futter vom Feld zu holen. Die Freude und Unterhaltung eines Bullen können die Kühe unserer Zeit vollends vergessen. Sie werden durchweg künstlich besamt. Die Freude des Mutterseins ist auch heute nur noch der Mutterkuhhaltung vorbehalten. Milchkühe sehen ihre Kinder kaum während der Geburt und können sie nie am eigenen Euter säugen.

Wie geht es den Rindern in anderen Ländern? Ein halbes Jahr habe ich auf dem Viehhof Vautrombois im Departement Meuse in Frankreich Französisch von der Pike auf gelernt. Mon Patron, Monsieur Rediger, war einer der bekanntesten Schwarzbuntzüchter der Grand Nation. Seine weißen Charolais, ein mächtiges Fleischrind mit groben Knochen, waren noch größer als seine Schwarzbunten. Die Charolais durften ihre Kälber selbst auf der Weide großziehen und sie waren so darauf aus, ihre Kleinen zu schützen, dass sie mich mehrfach von der Weide getrieben haben, wenn ich mich zu nah an die Kälber wagte. Die Charolais-Bullen waren wesentlich sanfter und nicht so gefährlich wie die weiblichen Tiere. Der Vergleich von Charolais und Schwarzbunten zeigt deutlich, dass Rinder unterschiedlicher Rassen auch unterschiedliches Verhalten zeigen.

Graubünden in der Schweiz ist Rinderland. Es gibt dort zwar auch noch ein paar Ziegen, aber sonst nur Kühe, nur Grünland, kein Ackerland. Dort wird das Braunvieh oder Montafon gezüchtet, wunderschöne, graubraune Kühe, deren weiches Bauchfell heller als das Rückenfell ist. Um das große Flotzmaul herum ist es weiß, als wenn die Kuh gerade aus einem Eimer Milch getrunken hätte. Die Kühe haben wunderschöne, große Ohren mit langer Behaarung. Braunvieh ist friedlich wie unsere Schwarzbunten und mit 8.000 Litern und mehr Jahresleistung an Milch gleich ertragsstark. Sie tragen gern Glocken um den Hals und können Bergsteigen. Das Montafon geht aus einer Rinderzucht des Klosters Einsiedeln aus dem 15. Jahrhundert hervor und ist ein bei Touristen beliebtes Markenzeichen Graubündens. Ohne Braunvieh ist die schöne Schweizer Landschaft nicht vorstellbar.

Aufregender ist das Eringer Rind, welches im Wallis gezüchtet wird. Im Gegensatz zu den Kampfstieren Spaniens, die sich mit Wut auf ihre Matadore einlassen und es verrücktes Menschenziel ist, sie mit Spektakel umzubringen, treten im Wallis die weiblichen Tiere gegeneinander an und die Bauern schauen zu. Die Eringerinnen toben damit ihr Rangordnungsverhalten aus, welches bei allen Rindern vorhanden ist. Jedes Jahr finden dazu spektakuläre Veranstaltungen in mehreren Altersklassen an mehreren Orten im Wallis statt. Das Finale, bei dem die Schweizer Siegerkuh gekrönt wird, ist dann in Aproz. Du spürst, dass bei diesen sportlichen Wettkämpfen die Eringer Ehrgeiz entwickeln und mit Eifer dabei sind. Ist die Schau vorbei, werden aus den Kämpferinnen wieder die gelassenen sanften Wesen, so wie alle Rinder.

Ich mit meinen schwarz-weißen Kühen habe die Bauern mit Braunvieh immer beneidet. Sie haben ein so harmonisches, wunderschönes Haarkleid. Warum die Züchtung meinen Schwarzbunten ein so krasses Fell mit großen, nur schwarzen oder weißen Flecken kreiert hat, bleibt unerklärlich. Im Spätsommer 2016 waren wir in Hinterrhein, dem letzten Dorf vor dem Sankt Bernardio Pass bzw. Tunnel. Das Dorf hat sich genossenschaftlich organisiert und alle Flächen auf Biobewirtschaftung umgestellt. Das heißt, auf den Almwiesen wird weder gedüngt noch gespritzt. Unser Gastgeber mit seiner Familie war im Heu und konnte sich um seine Touristen nicht kümmern. Das tat dann der Nachbar. Alle Flächen um das Dorf herum, auch in den unvorstellbaren Steillagen, wurden gemäht, wenn anders nicht möglich von Hand mit der Sense. Der Heuertrag pro Hektar beträgt in den Bergen maximal ein Drittel der mit bis zu 200 kg/ha reinem Stickstoff überdüngten Wiesen und Weiden von Heuerstubben. Unser Gras war dunkelgrün bis ins Bläuliche hinein und es wuchsen nur wenige Arten auf der Wiese. Der Graubündener will auf seine Blumen und Kräuter in den Wiesen nicht verzichten. In meinem zweiten Lehrjahr in Holstein habe ich den Ostholsteinischen Meister im Gräser-Bestimmungswettbewerb gemacht: Ich kannte mehr als 30 Grasarten. In der heutigen Bewirtschaftung von Grünland in Norddeutschland ist dies eine unnötige Disziplin geworden. Damals erklärte uns auch ein Wissenschaftler von der Universität Göttingen, „Die Kuh frisst mit fünf Mäulern, dem Flotzmaul und mit ihren vier Hufen". Diese etwas schief geratene Metapher hat dazu geführt, dass Rinder im Stall gehalten werden und das Futter im Sommer von der Wiese geholt wird. Intensivhaltung eben, ohne Glocken und dem Vergnügen der Rinder in den Bergen spazieren zu gehen. Auch in Hinterrhein hat man ums Dorf herum keine Rinder gesehen. Sie waren für die vier Sommermonate unmittelbar am Pass auf der Alm und wurden von einer munteren Gruppe junger Deutscher aus Berlin und Umgebung versorgt. Es gibt sie die Städter, die sich pro Jahr ein paar Sommermonate ausklinken und karg in den Bergen leben. Die vier lebten dort in der Einöde auf ihrer Senne und hatten zwei Mal am Tag die 120 Kühe aus steilsten Lagen zum Melken in den Stall zu holen und aus der Milch Käse zu machen. Die Bauern hatten ihnen auch ein paar Schweine und sechs Hühner mitgegeben, damit sie sich weitgehend autonom ernähren konnten. Für die Berliner war dies eine herrliche Auszeit hoch in den Bergen. Allein die hohen Subventionen der Schweizer Regierung machen es möglich, dass diese Form der Bewirtschaftung der schönen Landschaft Graubündens funktioniert. Die jungen Leute der Bauern von Hinterrhein wollen aber alle nicht mehr im Dorf bleiben und den Beruf des Vaters übernehmen.

Botswana im südlichen Afrika ist Cattleland. Das Land, groß wie Frankreich, hat aber mehr Rinder als seine 2 Millionen Einwohner. Für den Deutschen Entwicklungsdienst habe ich dort von 1978 bis 1981 mit Familie gelebt und viel mit den Rindern und ihren Besitzern, die oft über große Herden verfügten, zu tun gehabt. Botswana ist trocken, fast wie eine Wüste. Es regnet im Durchschnitt nicht mehr als 250 mm pro Jahr, in manchen Jahren gar nicht. Vieh gibt es nur, wo auch Wasserlöcher sind. Eine botswanische Durchschnittskuh kann sich maximal 26 Kilometer von der Tränke entfernen. Über diese Distanz wird also der Weidegrund definiert. Pro Kuh braucht es in Botswana mindestens 15 Hektar, die sie als Weideland braucht, um in dem ariden tropischen Klima zu überleben. In Botswana braucht es keine Kuhställe. Die Tiere laufen den ganzen Tag durch die Kalahari und haben nie einen Zaun gesehen. In kargen Landschaften wie der Kalahari oder der Sahelzone sind es allein die Rinder, welche den Menschen – mit Ausnahme der Buschleute oder Khoikhoi - eine Existenz ermöglichen.

Haben die Kühe in Heuerstubben mehr Freiheiten als die in Botswana genossen? Verglichen mit ihren Schwestern in Botswana haben sie ein Leben wie im Paradies geführt, was Fressen und Trinken betrifft. Fette Kühe kannst Du in Botswana auch heute noch nicht sehen und die wenige Milch, die sie geben, brauchen sie für ihre Kälber. In den mehrjährigen Trockenperioden sind sie zu hunderten verdurstet oder verhungert. In Botswana konnte ich erfahren, wie das Rind dem Menschen ermöglicht hat, sich zu entwickeln. Ein Hamburger Lehrerehepaar des Deutschen Entwicklungsdienstes (DED) lebte in einer kleinen Buschmannsiedlung inmitten der Kalahari. Sie sollten dort wo es noch Menschen gab, die sich ausschließlich von Sammeln und Jagen ernährten, deren Kinder unterrichten. Meine Frau und ich haben sie mehrfach besucht. Der Bau eines Schulbrunnens hatte das Leben der Buschleute komplett verändert. Nun wollten sie am Wasser auf Dauer sesshaft werden. Mit dem Wasser kamen aber auch die Rinder und zerstörten das Habitat von dem die Buschleute lebten. Heute gibt es sie in der Kalahari kaum noch. Vor dreihundert Jahren haben die Buren das südliche Afrika erobert und besiedelt. Sie sind tausende Kilometer nicht gewandert oder geritten, sondern haben Zugochsen vor ihre schweren Trecks gespannt. Nur diese Zugtiere haben es den Buren ermöglicht, das südliche Afrika mit ihren Gespannen zu erobern. Als ich 1978 nach Botswana kam, konnte ich eines der letzten Zuggespanne mit vierzehn Rindern vor einem mächtigen Wagen eines Händlers durch den tiefen

Sand auf dem Weg von Gaborone nach Molepolole ziehen sehen. Es war eine erstaunliche Zugleistung, welche die Tiere langsam aber unermüdlich erbrachten. Sie mussten den voll bepackten Wagen durch den tiefen Sand ziehen, weil die befestigte Sandpiste den Autos vorbehalten war. Ohne Ochsen hätten unsere Pioniere vor dreihundert Jahren die Welt weder in Afrika noch auf anderen Kontinenten erobern und besiedeln können.

Den deutschen Kühen, die ab 1990 in die Türkei geschickt wurden, ist es schlecht ergangen. Ein deutscher Bundestagsabgeordneter aus einem ländlichen Wahlkreis mit fetten Weiden und grünen Wiesen kannte einen türkischen Kollegen aus Ankara. Beiden gelang es, ihre Regierungen und die EU von der Idee zu überzeugen, 150.000 deutsche Hochleistungsrinder, tragende Färsen, an Bauern in der Türkei zu verkaufen: in Worten hundertfünfzigtausend! Das Projekt bot nur agrarpolitische Vorteile: der notorische Überschuss an Milch und damit Milchkühen in Europa veranlasste die EU, den Exportdeal mit mehreren hundert Euro pro Rind zu subventionieren. Die türkische Regierung legte noch einmal 100 Euro pro importierter Kuh drauf, um die eigenen Landwirte zum Ankauf zu bewegen. So kosteten die 1.250 Euro teuren Tiere den anatolischen Bauern nur 750 Euro. 150.000 Rinder sind eine große Zahl. Pro Landwirt konnten nur zwei Rinder erworben werden. Es mussten also mindestens 75.000 türkische Bauern gewonnen werden. Die Subvention war so großzügig, dass einige Bauern, die gar keine Absicht hatten, zu melken, ihre hochtragenden Färsen gleich nach dem Abkalben zum Schlachter brachten und dabei ein gutes Geschäft machten. Andere versuchten sich mit dem ungewohnten Melken. Um diesen politisch überzeugenden Transfer dynamischer zu gestalten, wurde die deutsche Entwicklungshilfe eingeschaltet. Zwei deutsche Experten, einer davon war ich, bereisten zusammen mit ihren Kollegen aus dem Landwirtschaftsministerium Ankaras die Schwarzmeerküste bei Samsun und stellten einen hohen Entwicklungsbedarf bei den türkischen Milchwirten fest. Die Kühe wurden nicht vernünftig gefüttert und bekamen viel zu wenig Wasser, vegetierten in muffigen, dunklen Ställen vor sich hin und wurden nachlässig gemolken, so dass sich Strichkanäle und ganze Euter mit Mastitis entzündeten und abstarben. Überhaupt wurden die jährlichen Laktationsperioden der Muttertiere von den lieber ihre Teehäuser frequentierenden Bauern missachtet. Ohne die viel aufmerksameren türkischen Bäuerinnen wären die Fertilitätsraten der Kühe von Samsun so niedrig geraten, dass sich die Herden der Region kaum vergrößern würden und die Bauern nichts verdienen könnten. Schließlich stellten die Gutachter fest, dass es im Milchland Türkei schon genügend Anbieter gab und die Molkereien gar kein Interesse hatten, zusätzliche Lieferanten zu gewinnen. Die Regierung hatte kein Geld, um all diese Probleme zu lösen, und die deutsche Entwicklungshilfe sah ihre Prioritäten auf anderen Gebieten, als den Kühen aus Deutschland ein angenehmeres Leben in der Türkei zu verschaffen. So endeten die armen Tiere entweder auf den Schlachthöfen oder in finsteren Verliesen türkischer Kleinbauern, die, wenn deutsche Tierschützer sie entdeckt hätten, einen Aufschrei der Empörung provoziert hätten.

Eine Weile nach der Wende, 1994, bekam die Arbeitsgemeinschaft Deutscher Tierzüchter (ADT) von der EU den Auftrag, die ehemaligen Funktionäre der sowjetischen Schwarzbuntzucht in Litauen zu beraten und sie in die marktwirtschaftliche Zukunft zu führen. Als Ökonom wurde ich nach Vilnius in Litauen eingeladen, um die Schlussbesprechung der EU-Experten mit ihren russischen Rinderzüchter-Kollegen zu moderieren. Litauen war das Zentrum der östlichen Rinderzucht. Die sowjetischen Kühe und Bullen wurden von dort zu Tausenden in viele Kolchosen der ganzen Sowjetunion bis nach Wladiwostok geliefert. Das Ergebnis der Tagung war nicht nur für die Kollegen im Osten, denen man anmerkte, dass sie ihren Beruf und ihre Tiere liebten, sondern auch für mich deprimierend. Die Fortschritte des Westens in der künstlichen Besamung waren so uneinholbar, dass Russland wirtschaftlich keine eigene Hochleistungszucht für Rinder mehr aufbauen konnte. Die tausendfach tiefgekühlten Samen von Hochleistungsbullen aus dem Westen ließen keine wirtschaftlichen Alternativen im Osten mehr zu. So mussten viele passionierte Tierzüchter in Russland ihren Beruf wechseln. Themen des Tierwohls spielten bei der Veranstaltung noch keine Rolle.

Die Milch aus Heuerstubben wurde bis in die sechziger Jahre hinein an die Molkerei ins zwei Kilometer entfernte Gnissau gefahren. Dort wurde daraus vom Molkeristen Lüers „Gnissana“, der leckere Weichkäse gemacht. Die Molke, die beim Käsen übrig blieb, ging zurück nach Heuerstubben und wurde an die Schweine verfüttert. Vor dem Krieg hatte der Hof noch seine eigene Molkerei. Die „Rationalisierungen“ der Molkereien in Norddeutschland waren in erster Linie Konzentrationen und bedeuteten damit das Sterben der kleinen Molkereien, die meist von den Bauern auf genossenschaftlicher Basis gegründet worden waren.

Sie wurden von Aktiengesellschaften mit viel Kapital und staatlicher Förderung aufgekauft. Der Prozess führte dazu, dass die Molkerei in Gnissau aufgegeben wurde und unsere Milch zu „Glückskleemilch" nach Neustadt an der Ostsee gefahren wurde, die dann Trockenmilch daraus machte. Glücksklee gehörte wiederum einem größeren Konzern, der die Milchverarbeitung auch in Neustadt beendete. Diese marktwirtschaftlichen Prozesse haben dazu geführt, dass es in Deutschland inzwischen nur noch ganz wenige Molkereien gibt. Gab es vor dem Krieg noch mehr als 5.000 milchverarbeitende Betriebe, sind es heute weniger als 150. Der Milliardär und Molkerist Müller ist der größte unter ihnen. Die kurzen Wege vom Bauern zum Verbraucher, die Rücknahme der Molke durch die Höfe, die persönlichen Beziehungen zwischen Erzeuger und Verarbeiter gibt es heute generell nicht mehr, abgesehen von ersten Initiativen der Direktvermarktung. Die Milchpreise für die Bauern sanken auch in Holstein und die ersten Betriebe stellten auf Pferdehaltung für Städter um. Trotz meiner Passion für Kühe sah ich selbst für unsere Kühe keine Perspektive. Wir hätten viel in einen modernen, neuen Stall investieren müssen. Mich plagte auch, dass man für die Kühe früh aufstehen muss und es für die Milchbauern keine Wochenenden und keinen Urlaub gab – bevor der Melkroboter in die Ställe kam. Die Kühe von Heuerstubben wurden 1966 verkauft. Ich begann Volkswirtschaftslehre in Darmstadt und Freiburg zu studieren. Meine Berufskarriere als Bauer und das Leben mit den Haustieren fanden damit ihr Ende.

Hier nun der Kommentar zu den fünf Freiheiten der Rinder in Deutschland damals und heute:

1. Freiheit von Hunger und Durst
   Weder die Milchrinder noch die Fleischrinder brauchen sich über Hunger und Durst in deutschen Landen zu beklagen. Man sorgt für sie – jedenfalls im Prinzip. Dass auch Rinder artgemäß aus offenem Wasserflächen saufen möchten, ist nicht immer gewährleistet. Die Fleischrinder in der Mutterkuhhaltung ernähren sich oft das ganze Jahr über draußen auf der Weide. Sie müssen sich ihr Futter selbst suchen. Die Milchrinder werden weitgehend vom Bauern mit Silage und Kraftfutter versorgt. Täglich frisches Grünfutter holen ist aufwendig und will über den Verkauf der Tiere finanziert sein. Bei Milchkühen geht die Energie direkt in die Milch und so kann es sein, dass der Hunger eigentlich nie aufhört. Auch

Kühe wollen als Herdentiere gemeinsam fressen und der Bauer muss dafür sorgen, dass auch die Rangniederste in Ruhe ans Futter kommt. Auch an den Tränken gilt es Rangkämpfe zu vermeiden.

2. Freiheit von haltungsbedingten Beschwerden
   Paradiesische Freiheiten werden unseren robusten Fleischrindern in der Mutterkuhhaltung geboten. Sie genießen die grünen Weiden, die bei extensiver Bewirtschaftung eine reiche Artenvielfalt bieten. Wenn das Wetter gar zu wüst ist, wird ihnen meist ein Unterstand geboten. Sie dürfen ihre Kälber behalten und selbst aufziehen. Oft werden die Herden auch durch einen Bullen komplettiert, der ihr Sozialleben bereichert. Mutterkuhhaltung und Weidemast sind aber in Deutschland nur eine Nische. Die meisten Mastbullen und -färsen stehen mit wenig Platz oft auf Spaltenboden im Stall. Die Milchrinder erleiden erhebliche Einschränkungen und müssen etliche Beschwerden erdulden. Ganzjährige Stallhaltung ist meist die Regel. Während früher wie in Heuerstubben, die Kühe im Stall einzeln angebunden waren und sich über Monate hin nicht frei bewegen konnten, dürfen die Milchkühe heute in oft engen Laufställen leben. In Laufställen allerdings haben sie mit feuchten, rutschigen Laufgängen sowie harten und verschmutzten Liegeflächen ohne Einstreu zu kämpfen. Schmerzhafte Resultate sind Lahmheiten, Hautabschürfungen, und Euterentzündungen. Schmerzen und der dadurch ausgelöste (chronische) Stress tragen zu Fruchtbarkeitsproblemen bei und damit zu einer kurzen Nutzungsdauer. Milchkühe werden heute in Deutschland nur noch rund fünf Jahre alt. In kleinbäuerlichen Betrieben Süddeutschlands ist zum Teil noch die ganzjährige Anbindehaltung verbreitet. Dort und auch bei Laufstallhaltung darf meist nur das Jungvieh, welches noch nicht gemolken wird, im Sommer auf die Weide.

3. Freiheit von Schmerzen, Verletzungen und Krankheiten
   Die Zucht hat bei den Rindern dazu geführt, dass die Kälber häufig zu groß sind und die Kühe bei der Geburt echte Qualen erleiden müssen. Die Intensivhaltung der Kühe mit viel Kraftfutter und Leistungssteigerungen macht unsere Kühe krankheitsanfällig. Ein zu hoher Anteil an Kraftfutter führt nicht

selten zu physiologischen Problemen. Schmerzhafte Entzündungen der Klauen und Euter sind häufige Anlässe, die Veterinäre zu rufen und schließlich die Tiere zu merzen.

4. Freiheit zum Ausleben von normalen Verhaltensmustern
Auch Rinder sind - wie Pferde - Herden- und Weidetiere. Sie haben Bedürfnis nach Sozialkontakten in einer Herde und einen ausgeprägten Bewegungsdrang, auch wenn das bei diesen eher phlegmatisch wirkenden Tieren anders zu Tage tritt als beim Pferd. Wie gesagt, in Mutterkuhhaltung und Weidemast haben die Rinder viel Freiheit. Wenn die Weide groß genug ist, dazu auch noch ruhig und abgelegen, kann man beobachten, dass sich die Tiere wohl fühlen und in der Regel die Begegnung mit dem Menschen auch nicht besonders suchen. In Landschaftsschutzgebieten, die wegen ihrer floralen Vielfalt nur von wenigen Rindern begrast werden können, passiert es bisweilen, dass die Rinder eine Tendenz zur Verwilderung zeigen, fliehen oder auch bös werden, sobald ein Mensch auftaucht, der etwas von ihnen will.
Eine Milchkuh wird dagegen vom Bauern genötigt, Milch zu geben, ohne Rücksicht auf sonstige, persönliche Wünsche. Dazu gehört eben, dass die Mutter ihr Kalb nach der Geburt bei sich behalten möchte, dass die Kuh gern viel im Freien ist und in der Herde sich gern mit anderen Rindern austauscht. Kälber tummeln sich lieber in Gruppen oder mit den Großen in der Herde. Sie können dann ihren Spieltrieb austoben, zeigen eine höhere Vitalität und wachsen schneller auf. Die Kälber werden den Kühen genommen und aus dem Eimer ernährt. Sie stehen dann häufig wochenlang in Einzelboxen, womit ein gegenseitiges Besaugen, das später in der Herde große Probleme bereiten würde, verhindert werden soll. Jedoch: Rinder sind vom ersten Tag an Herdentiere und leiden dementsprechend bei Einzelhaltung. Praxisbetriebe zeigen, dass auch Gruppenhaltung möglich ist.
Auch die hochgezüchteten Leistungsrassen sind grundsätzlich ruhige, ausgeglichene Wesen mit viel Geduld und auch Verständnis für menschliches Tun. Es stimmt, dass auch Kühe Freundschaften mit Menschen schließen können und sich gern streicheln und füttern lassen. Sie lassen sich auch sehr gern von Hand melken, wie ich selbst erfahren habe.

Ruhe- und Fortbewegungsverhalten in Laufställen sind häufig eingeschränkt durch zu wenig Platz, ungünstige Stallaufteilung, rutschige Gänge und falsch bemessene, zu harte Liegeflächen. Das Sozialgefüge wird durch häufige Umgruppierungen laufend gestört. Häufige Rangkämpfe sind die Folge.

5. Freiheit von Angst und Stress

Begegnet man den Kühen ruhig und ohne Hektik geraten sie auch nicht so schnell in Angst oder Stress. Wenn der Tierarzt kommt und spritzt oder sogar operiert, wenn die Tiere verladen werden und zum Schlachter sollen, sind Angst und Stress wahrscheinlich. Die Anordnung ihrer Augen erlaubt Rindern zwar fast einen Rundumblick, jedoch können sie Entfernungen und Geschwindigkeiten schlecht einschätzen. Ihre Wahrnehmung ist eine wesentlich andere als die von uns Menschen. Alle, die mit Rindern zu tun haben, sollten dies wissen und entsprechend geschult werden. Ein gutes Verständnis der Kühe, erspart beiden Seiten, Mensch und Rind, viel Stress und auch Verletzungen. Stress für die Tiere entsteht auch wie gesagt durch die ungeeigneten Ställe, durch Verletzungen und Schmerzen, durch häufige Herdenumstellungen und Vereinzelung in Kälberboxen.

Schweine spielen gern

In der Systematik der Tierarten zählt das Schwein zur Ordnung der Paarhufer (*Artiodactyla*) und zwar, wer hätte Anderes vermutet, zur Familie der echten Schweine (*Suidae*). In Abgrenzung zum Wildschwein hat unser Hausschwein den wissenschaftlichen Namen *Sus scrofa domestica* und ist in zahlreichen Rassen über die ganze Welt verbreitet. Man vermutet, das Schwein wurde vor mehr als 9.000 Jahren zuerst in China domestiziert, wo es noch heute das beliebteste Haustier ist. Allein in China gibt es mit fast 500 Millionen Tieren mehr Schweine als auf dem ganzen Rest der Welt (970 Millionen). Eine Sau ist drei Monate, drei Wochen und drei Tage trächtig, bevor sie Ferkel wirft. Bei entsprechend hoch gezüchteten Tieren sind dies 20 Ferkel und mehr pro Jahr. Nach sechs Monaten sind die Masttiere mit 100 bis maximal 120 Kilo Lebendgewicht schlachtreif und gehen zum Schlachthaus.

Hinter dem Gutshaus, zwischen Meiereigang und Jungviehstall, lag in Heuerstubben der Schweinestall. Ein Teil von ihm war für die Mastschweine reserviert, der größere Teil aber für die Sauen. Sie hatten hinter dem Stall einen Auslauf auf die Schweineweide. Dort gab es auch eine Suhle, in der die Tiere sich im Schlamm baden konnten. Diese wurde durch die Regenrinne mit Wasser vom Dach nass gehalten. Ein riesiger Eber der Rasse Angler Sattelschwein, vorn und hinten weiß, in der Mitte schwarz, wartete dort auf sie. Unsere Schweine konnten besser riechen als die Hunde. Als Kinder haben wir versucht, dies mit eingegrabenen Dämpfkartoffeln zu testen, was aber nicht immer geklappt hat. Sie suchten wohl eher Engerlinge, Regenwürmer oder Mäuse, die auch hinterm Stall ihre Gänge hatten. Schweine haben keine gewöhnliche Nase, sondern wie die Elefanten einen Rüssel, den sie für alles Mögliche einsetzen. Was uns Primaten die Hände sind, ist dem Schwein sein Rüssel mit integriertem Riechorgan. Wie die Wildschweine lieben es auch Hausschweine in der feuchten, weichen Grasnarbe zu wühlen. Sie tun es mit großer Kraft und offensichtlich größtem Vergnügen. Es gibt kein anderes Tier in unseren Breiten, welches schon in einer kleinen Rotte von nicht mehr als zehn Sauen, einen Kartoffelacker oder eine feuchte Weide in einer Nacht umpflügen könnte. Trockene, harte Böden hingegen verschonen sie. Bei den abenteuerlustigsten Sauen führte dieses Verhalten dazu, dass wir ihnen in den Rüssel Krampen einsetzten, damit die Weide nicht vollends chaotisch umgegraben wurde. Die lustvolle Freiheit eines Schweines, egal ob Wild- oder Hofschwein, führt zu Landschaften, die wie von Panzern aufgewühlte Truppenübungsplätze aussehen. Eine Schweinekrampe ohne Betäubung auf einen hochempfindlichen Rüssel zu setzen, tut extrem weh. Es schmerzt auch später, immer wenn das Tier sich die Freiheit des Wühlens nehmen will. Hier gibt es einen ernsthaften Konflikt, für den hinnehmbare Lösungen gefunden werden müssen.

Der Schweinestall hatte eine Garküche, in der Kartoffeln für die Schweine gedämpft wurden. Ansonsten bekamen sie hofeigenes Futter, vor allem geschrotete Gerste und Weizen, der nicht zum Backen geeignet war und Küchenabfälle vom Haus. Die Schweinemast oder sogar die Zucht gehörten nicht zum Kerngeschäft auf Heuerstubben. Sie dienten dem Selbstverbrauch, der vor allem bei den vielen Leuten auf dem Hof nach dem Krieg nicht gering war. Der Wanderschlachter kam regelmäßig aus Gnissau. Auf dem Boden war eine Räucherkammer, in der viele Würste und Schinken laufend geräuchert wurden. Geräuchertes hält länger und schmeckt besser als Gepökeltes. Tiefgekühltes gab es damals noch nicht.

Schlachtfest in Heuerstubben, große Geschäftigkeit, Arbeits- und Feststimmung. Aussicht auf frische Wurst, Blutsuppe und herrlich geräucherten Schinken. Meine Mutter hatte sich mit Tante Lena zusammengetan. Sie hatten zwei Schweine für den Privatverbrauch des Hauses auf die Seite geschafft. Die Armen waren in ziemlicher Dunkelheit in einer Geheimbox des Schweinestalles hinterm Haus aufgezogen und gemästet worden. Dort gab es keine Fenster, nur Deckenluken, welche die Spatzen gern nutzten, um im dunklen Stall nach dem Rechten zu schauen und ein paar Worte mit den beiden Schweinen zu wechseln. In der Zeit nach dem Kriege, der Zeit der Lebensmittelkarten, mussten auch die Schweine auf der Gemeinde Ahrensbök angemeldet werden, die sich rechtschaffen, aber vergeblich bemühte, die Übersicht über den wuchernden Schwarzmarkt zu gewinnen. Den Frauen gönnte man auf dem Hof ihr Geheimnis, weil alle davon profitierten. Die Geheimbox für Privatschweine war schon während des Krieges entstanden. Sie wurde völlig überflüssig, nachdem gegen Ende der vierziger Jahre die Lebensmittelkarten zugunsten der freien Marktwirtschaft abgeschafft worden waren. Jetzt war sie aber noch von höchstem Nutzen. Ihr Zugang war eine kleine Tür gleich neben dem Herd der Kartoffeldämpfküche in der Mitte des Schweinestalls. Dämpfkartoffeln galten damals noch als besonders mästende Schweinekost und die zwei Geheimen konnten von der Küche aus ohne Auffallen zu erregen versorgt werden. Ihr Grunzen ordneten mögliche Inspektoren den Schweinen aus den benachbarten Ställen zu, die unmittelbar vor und hinter der Geheimbox lagen, Fenster und ordnungsgemäße Türen hatten. Gleich hinter dem Stall lag die Sauenweide, welche die Muttersauen zusammen mit ihren Ferkeln vom Stall aus jederzeit aufsuchen konnten, was sie sehr genossen. Das Kinn auf das große Heck gelehnt war es für die Hausbewohner eine Freude, den Sauen und ihren Ferkeln zuzuschauen, wie sie den ganzen Tag hindurch durch das Gras ihrer Weide streiften, mit ihren Rüsseln versuchten die Soden zu wenden, um nach Engerlingen oder Regenwürmern zu suchen und die frische Luft zu genießen.

Von alledem bekamen die Schweine im Dunkeln nichts mit. Nun waren die Unglücklichen in der Geheimbox fett geworden. Es war Herbst und der Hausschlachter aus Gnissau war gekommen. Man hatte die Leiter an die Mauer des Meiereiganges hinterm Haus gestellt, wo die erste Sau in zwei Hälften zerlegt aufgehängt werden sollte. Es war der Sau ganz neu und ungewohnt, plötzlich den Stall verlassen zu sollen. Die Menschen hatten sie jedoch zutraulich erzogen und gaben sich genügend Zeit und Ruhe, dem Tier klar zu machen, dass nun die Zeit war, auf den Hof zu kommen, wo der Schlachter wartete. Mit einem Bolzen, der in die Stirn geschossen wurde, wurde das Schwein schlagartig betäubt. Die Kehle wurde aufgeschnitten, und das herausströmende Blut in breite, tiefe Schalen gelassen und gerührt. Dies war der wichtigste Rohstoff für die Blutsuppe und Blutwurst. Danach wurde die Sau vom Bauch her in zwei Hälften aufgeschnitten und zum Abkühlen an die Leiter gehängt. Dieweil konnte der Hausschlachter im Meiereigang seine Geräte, Ingredienzien und Fäden aufbauen, um den Schatz zu zerlegen und zu verwursten. Das Schlachtgeschäft waren fast zwei Tage voller Arbeit und Genuss. Man durfte von allem probieren und Küche und Keller wie auch die Räucherkammer wurden wieder mit Köstlichkeiten gefüllt.

Schweine sind die klügsten Tiere auf dem Hof. Das weiß jeder seit George Orwell 1945 seine Story, Animal Farm, geschrieben hat. In dieser Geschichte haben die Tiere des Hofes den Bauern, der liederlich mit ihnen umgegangen war, zum Teufel gejagt, um sich gemeinsam das Leben schöner zu machen. Es waren die Schweine, die der tierischen Lebensgemeinschaft erfolgreich mit dem Slogan „Alle Tiere sind gleich, *aber manche sind gleicher*" durchsetzen konnten und sich in seiner Story als Funktionäre im Sozialismus etablierten. Uns wurde als Kindern eingeschärft, „steigt nie über den Trog in den Schweinestall. Sie beißen euch die Finger ab". Wir wurden so oft davor gewarnt, dass wir uns daran hielten. Schweine können Dich so lebhaft und interessiert mit ihren Schweinsäuglein[15] anschauen, dass Du ihnen in irgendeiner Weise antworten willst, am besten mit Streicheln. Später, als die Gästekinder in den Ferien nach Heuerstubben kamen und die süßen Ferkel sahen und streicheln wollten, sind wir dann doch in den Stall und haben die kleinen schwarzweißen Burschen, die es sich von der Sau getrennt unter einer Wärmelampe gemütlich gemacht hatten, in den Arm genommen und gestreichelt. Meine kleine Schwester, Thekla, kam mit ihrem Puppenwagen und wollte die Ferkel zugedeckt mit einer Puppendecke spazieren fahren. Sie verstand dabei nicht, warum die Ferkel nicht wie ihre Puppenbabys auf dem Rücken, sondern allenfalls in der Puppenkarre auf dem Bauch liegen wollten. Ferkelerlebnisse für Kinder gibt es heute nicht mehr und damit auch kein Erleben mit dem Haustier. Wahrscheinlich ist dadurch auch das Leben der Schweine, die auch sehr gern spielen, langweiliger geworden.

In Tachenhausen, dem Versuchsgut der Hochschule Nürtingen, wurde den Schweinen eine Wohnstube gebaut, um zu erforschen, ob sie dadurch glücklicher wären. Natürlich war das Forschungsziel nicht das Glück der Schweine, sondern die Frage, ob artgerechte Stallhaltung die Schweinehaltung produktiver machen könnte. Der Nürtinger Stall sah einen Abort für die Tiere vor, der diskret durch eine Wand vom übrigen Wohntrakt getrennt ihnen eine Erleichterung ermöglichte, ohne dass die anderen im Stall dabei zuschauen. Schweine sind sehr saubere Tiere, die nie den ganzen Stall, in dem sie sich aufhalten vollkacken oder pinkeln, sondern immer in eine Ecke gehen. Der Wohnraum sah weiterhin einen Schlaftrakt vor, in dem die Schweine es wärmer hatten als im übrigen Stall. So wie wir beim Schlafen unsere Decke nie über den Kopf ziehen, konnten sich die Schweine so schlafen legen, dass der Kopf in der kühlen, frischen Luft blieb. Der Forscher stellte fest, dass sich vor allem die Sauen, die für die Ferkelproduktion gehalten werden, in seinen Ställen wohl fühlen.

Ein Schweinezüchter aus Belgien war in den siebziger Jahren auf den Hof der Tiere gekommen, hatte neben dem Schweinestall auch den großen, leer gewordenen Kuhstall gemietet und seine Zuchtschweine mitgebracht. Die Kühe waren ja längst verkauft worden. Die Rasse Pietrain galt seit kurzem als besonders verbraucherfreundlich. Das Borstentier war eher klein und kurz und zeichnet sich dadurch aus, dass es kaum Fett hat. In der Regel dürfen Schweine so fett werden wie sie wollen. Das war schon immer so. Alte Schweinerassen hatten sich vor dem Schlachten Fettschichten über fünf Zentimeter und mehr angefressen und kein Schlankmacherprophet hatte sie je daran gehindert. Haustier und Mensch wollen ja einander nützlich sein, so haben zumindest die Haustiere es sich stets vorgestellt. Schweine hatten die Aufgabe, den Menschen Fleisch und Fett zu liefern. Dafür wurden sie bis zu ihrem Ende verwöhnt und bekamen zu fressen, was ihnen gerade lieb war. Das diesbezügliche Wohlwollen der Schweine war zu weit gegangen. Sie waren in den modernen Zeiten zu fett geworden. Die Menschen waren zu faul geworden und kauften jetzt nur noch mageres Fleisch. Wer sich selbst nicht mehr bewegt, darf auch nicht mehr so fett essen. Das war die Marktchance des Belgiers Mercier in Heuerstubben. Er bot seine Magerlinge den Bauern in der Nachbarschaft zum Einkreuzen an. Die Mischung zwischen Pietrain und Angler Sattelschwein gelang besonders gut und bekam 5 Pfennig pro Kilo über dem Marktpreis. Dies war der Anfang der Hybridzüchtung in der Schweinehaltung. Heute gehören Pietrain-Eber zu den beliebtesten Vatertieren, die in der Hybridzucht mit anderen Rassen gekreuzt werden. Auch bei den Schweinen hat es sich heute durchgesetzt, dass die Eber in Besamungsstationen gehalten werden und ihr Samen tausendfach für die künstliche Besamung von Sauen im ganzen Land eingesetzt wird. Von wenigen Ausnahmen abgesehen sind daher die Regionalrassen der Schweine in Deutschland ausgestorben.

Mercier hatte nur damit Probleme, dass seine belgischen Tiere überzüchtet und extrem empfindlich gegen Aufregung waren. Viele von ihnen starben an Herzversagen, wenn es ihnen zu viel wurde. Die übrigen Tiere des Hofes hatten sich langsam an die neuen Bewohner aus Belgien gewöhnt, ja Freundschaft mit ihnen geschlossen. Besonders die Spatzen vertraten jedoch hinter vorgehaltener Hand die Meinung, die Neuen seien Schwächlinge, sie würden es in Heuerstubben nicht lange aushalten. Mercier war ein gewiefter Schweinezüchter, auch wenn er von der übrigen Landwirtschaft nicht viel verstand. Er las jede Woche drei

Fachzeitschriften in Französisch, Englisch und Deutsch und, was die Sauen und Eber betraf, war er allen überlegen.

Nach den Hühnern wurden auch die Schweine in den sechziger Jahren Opfer der landwirtschaftlichen Kommerzialisierung. Kennst Du den Schweinezyklus? Jeder Student der Volkswirtschaftslehre bekommt ihn an der Uni im zweiten Semester präsentiert und er geht so: Ein frisch geborenes Ferkel braucht drei Monate, drei Wochen und drei Tage um schlachtreif zu werden und auf den Markt zu kommen. Wenn die Preise für Schweinefleisch steigen, rufen die Bauern ihre Sauen zusammen und veranlassen sie Ferkel zu erzeugen. Das geht so schnell, dass nach einigen Wochen zu viele Ferkel auf dem Markt sind und der Preis für die Schweine und ihr Fleisch sinkt. Dies veranlasst die Bauern wiederum, ihren Sauen Ruhezeiten zu gönnen. Der Zyklus wiederholt sich, sobald die Preise wieder steigen. Das ist eine der wenigen volkswirtschaftlichen Lehren, die durch statistische Analysen mehrfach bestätigt wurde. Heute werden die Preise für Schweinefleisch durch Exporte ins Ausland bis nach China stabil gehalten. In der globalisierten Wirtschaft gilt der schöne, alte Schweinezyklus nicht mehr. Meine Studenten an der Hochschule Nürtingen, es waren Landwirte, die sich bei mir „Einführung in die Volkswirtschaftslehre" anhörten, mussten dennoch den Schweinezyklus lernen, als eine bildhafte Erklärung für Preisschwankungen an den Märkten.

Allein in China gibt es mehr Schweine als im ganzen Rest der Welt. China war überhaupt das erste Land, in dem Schweinefleisch zum Grundnahrungsmittel wurde. Der rasant wachsende Wohlstand vieler Menschen in China hat dazu geführt, dass Deutschland in großem Umfange Schweinefleisch nach China exportiert, 2016 etwa 100.000 Tonnen. Die Schweinerei findet meist in großen Mastfabriken in Niedersachsen statt, in denen auf das Tierwohl nicht geachtet wird, weil sonst die Schweine zu teuer werden. Die Ställe für die Mastschweine sind zu klein, die Tiere werden in zu großen Gruppen gehalten und sie beißen sich gegenseitig die Schwänze ab, weil sie anderweitig nichts zu tun haben. Schweine wollen sich beschäftigen. Schon ein Stein oder ein Ballen Stroh in der Bucht kann sie amüsieren. Sie brauchen dafür jedoch auch den entsprechenden Auslauf. Seit ein paar Jahren bemüht sich der chinesische Verein „International Cooperation Committee of Animal Welfare (ICCAW)" um eine artgerechte Haltung der Schweine in China. Es gibt dort wie in Deutschland noch viel zu tun. Auch in China gibt es eine tief verwurzelte, aus dem Buddhismus stammende Kultur, welche die Tiere achtet und ihnen Respekt zollt. Das ICCAW bekommt daher viel Rückhalt in der Bevölkerung und der Politik. Im Sommer 2016 kam die Leiterin des chinesischen Vereins erstmals nach Deutschland, um sich über das Tierwohl hier zu informieren. Sie muss wohl recht enttäuscht über die Zustände in deutschen Schweineställen wieder nach China zurückgekehrt sein.

Die Bilanz der Fünf Freiheiten für unsere Schweine fällt nicht gut aus:

1. Freiheit von Hunger und Durst
    In der hochkommerzialisierten Schweinehaltung gibt es in der Regel drei Arten von Betrieben: die, die mit ihren Zuchtsauen so viele Ferkel wie möglich pro Jahr produzieren, die Ferkelaufzucht und die Mastbetriebe, die dann diese Ferkel mästen. In allen drei Fällen kann man davon ausgehen, dass für Fressen und Saufen grundsätzlich gesorgt wird, um gute Betriebsergebnisse zu erreichen. Anders als damals in Heuerstubben stammt das Futter nicht aus dem eigenen Betrieb, sondern wird zugekauft, ist in Teilkomponenten oft importiert und mit ausgeklügelten Nahrungsergänzungsmitteln sowie mit Antibiotika aufgemotzt. Beim üblichen Mangel an Raufutter kommt aber trotzdem kein Sättigungsgefühl auf. Das Futter ist schnell verdaut und der Bauch ist leer.

2. Freiheit von haltungsbedingten Beschwerden
    Mit dieser Freiheit sieht es in der modernen Schweinehaltung wirklich schlimm aus. Die Sauen werden in der Intensivhaltung in Kastenstände gepfercht, damit sie beim Bewegen keines ihrer Ferkel erdrücken. Moderne Ställe für Mastschweine lassen kaum Tageslicht herein. Die Tierschutz-Nutztier-Verordnung schreibt gerade mal 1,5% Stallfläche mit Tageslicht vor. Die Haustiere werden 18 Stunden am Tag im Dunkeln gehalten und bekommen täglich nur 6 Stunden Licht zum Fressen. Die Mastschweine werden in voll klimatisierten Ställen in viel zu engen Boxen oft auf Spaltenböden gehalten. Sie haben zu wenig Auslauf, zu wenig Möglichkeiten zu spielen und man nimmt ihnen die für Schweine erforderliche Diskretion. Schweine sind sauber und koten wenn möglich immer nur in eine Ecke. Die Stallversuche in Tachenhausen haben gezeigt, dass abgegrenzte Kotecken am besten angenommen werden und die Tiere viel Stroh auf trockenen Böden brauchen, um sich wohl zu fühlen.

3. Freiheit von Schmerzen, Verletzungen und Krankheiten
Das Hausschwein ist wie wir ein Allesfresser. Es ist dem Menschen physiologisch ziemlich ähnlich. Es sind hochempfindliche Tiere, die schnell Herz- und Kreislaufkrankheiten bekommen und veterinärmedizinisch intensiv betreut werden müssen. Schwache Ferkel und Mastschweine werden schnell ausgesondert und gemerzt, wenn sie in der Gruppe in ihrer Entwicklung nicht mithalten können. Der moderne Bauer kann sich da keine Fürsorge leisten und ist nicht bereit, ein Ferkel einmal mit der Flasche aufzuziehen. Mastschweine, die Tag und Nacht auf engster Fläche verbringen, ohne Raufutter und Beschäftigungsmaterial, langweilen sich und fressen ihren Mitbewohnern die Ringelschwänze ab. Der leere Bauch macht sie unruhig und mangels Alternativen kommen die Leidensgenossen an die Reihe. Die Schweinezüchter treiben ‚Vorsorge', indem sie den neugeborenen Ferkeln die Schwänze abkneifen und Zähne abschleifen. Zu Recht sind sie wegen dieser Praxis und der betäubungslosen Ferkelkastration in der Öffentlichkeit in Verruf geraten. In Ställen mit Spaltenboden steigt aus der Gülle Ammoniak auf und belästigt nicht nur die feine Schweinenase sondern auch ihre Gesundheit.

4. Freiheit zum Ausleben normaler Verhaltensmuster
Auch unser Hausschwein möchte den Tag über alles erkunden, viel in der Erde wühlen und mit seinem Rüssel alles erreichen. Sie brauchen frische Luft, wollen über Weide und durch den Busch streifen und sich im Schlamm suhlen. Sie wollen wie die Wildschweine ihre Ferkel bei sich behalten und nicht nach sechs Wochen an den Mäster abgeben. Zuchtsauen verbringen einen großen Teil ihres Lebens im Kastenstand. Das heißt, die Sau kann sich dann nicht einmal umdrehen, geschweige denn ihren Nestbautrieb ausleben. Ihre ohnmächtige Frustration äußert sich in Leerkauen und Stangenbeißen. Viele Sauen werden schon nach zwei oder drei Würfen geschlachtet, obwohl sie bei artgerechter Haltung wesentlich länger leben könnten.

5. Freiheit von Angst und Stress
Schweine sind schreckhaft und äußern dies durch Schreckrufe, welche die ganze Herde aufspringen und intensiv nach der Störung suchen lassen. Du musst also die Stalltür leise aufmachen, wenn Du

den Stall betrittst und am besten, die Tiere kennen Dich. So ist es heute bei den meisten Bauern nicht erwünscht, dass die Schweine besucht werden, auch wenn sie bei entsprechender Behutsamkeit gern Besuch hätten und sie sich neugierig mit Rüssel, Ohren und Augen nach dem Gast erkundigen. Im voll besetzten Stall leiden sie unter dauerndem Sozialstress, und sind auch wegen des ewigen Hungergefühls unruhig. Im Kastenstand leiden die Zuchtsauen ebenfalls chronisch unter der Frustration. Die meiste Angst und den meisten Stress erleben die Schweine beim Verladen und beim Transport ins Schlachthaus und daraufhin beim Töten. Es kostete sehr viel mehr Zeit, die Schweine, ohne dass sie sich aufregen, aus dem Stall zu bitten und sie auf den Lastwagen steigen zu lassen. Im Schlachthof angekommen sollten sie eine Nacht gemeinsam in einer Box zur Ruhe kommen, bis sie dann zur Tötung (mit elektrischem Strom) geführt werden.

Die eigenwilligen Katzen

Jede Katze (*Felis silvestris catus*) ist eine Persönlichkeit und hat ein klares Bewusstsein von sich und ihrer Umwelt. Dies gilt wohl für alle Haustiere, bei Katzen spüren wir Menschen dies aber ganz besonders. Die Katzen sind unseren Vorfahren zugelaufen. Sie wurden nicht so stark, wie etwa die Wölfe, aus denen wir Hunde gemacht haben, domestiziert. Vielleicht haben sie deshalb ihre Eigenständigkeit bewahrt und meinen, sie könnten auch heute noch entscheiden, ob sie mit oder ohne uns leben wollen, was aber genauso wenig gelingt wie bei einem, der dem Rauchen verfallen ist und nun davon loskommen möchte. Katzen sind verspielt und brauchen Auslauf. Die reinlichen Tiere putzen sich und vergraben ihr Geschäft im Garten, auch dort, wo man es nicht unbedingt haben will. Kater markieren ihr Terrain mit Urin, um andere Kater zu vertreiben. Katzen verstehen viel, vielleicht alles, was wir ihnen sagen und von ihnen wollen, stellen sich aber gerne taub und tun kaum etwas, dem sie nicht aus eigenem Antrieb heraus zustimmen. Katzen sind eben schwer erziehbar.

Katzen war der Zugang zum Haus bei uns nicht gestattet. Die eigenwilligen Tiere haben sich nicht immer dran gehalten und mussten verjagt werden. Auf dem Hof hatten sie die Aufgabe, die Mäuse kurz zu halten. Besonders anerkannt waren die „Rottenbieter", große Kater, die sogar den Ratten nachstellten. Verglichen mit einer Schleiereule, die pro Jahr bis zu 3.000 Mäuse fangen kann, sind Katzen, was die Mäuseplage betrifft, wenig effektiv. Insbesondere im Kuhstall gab es faule Katzen, da Frau Hüttmann, die Frau des Melkermeisters, Katzen liebte und ihnen immer ein Schälchen mit Milch hinstellte. Katzen sind eigensinnige, autonome Wesen, die sich gern verwöhnen lassen. Wir wissen es alle, Katzen lieben Mäuse und kaum jemand hat etwas dagegen. Dass Katzen gern junge Vögel fressen, vor allem solche, die noch nicht fliegen können, begeistert uns weniger. Heuerstubbener Katzen, die sich im Frühjahr weit vom Hof entfernten, um die Nester von Amseln, Ringeltauben, Zaunkönig ja sogar Feldlerchen, die mitten im Feld brüten, zu plündern, liefen Gefahr, vom Jäger erschossen zu werden. Das mag viele empören. Unsere verwöhnten Hofkatzen, die sich in der freien Wildbahn kaum ernähren könnten, lieben die Bequemlichkeit. Wir sollten sie deshalb nicht missachten, sondern ein artgerechtes Leben ermöglichen, ohne sie zu verwöhnen und dadurch völlig in unsere Abhängigkeit zu bringen.

Katzen sind heute ganz überwiegend Heimtiere, die sich bei engem Familienanschluss auch in Städten verwöhnen lassen. Auf landwirtschaftlichen Betrieben mit intensiv bewirtschafteter Tierhaltung sind sie selten geworden, ein Verlust an Artenvielfalt auf unseren Bauernhöfen.

Der Hund unser Freund

Wie anders ist die Freundschaft zwischen Hund (*Canis lupus familiaris*) und Mensch. Vor ein paar hundert Jahren ist der wilde Wolf nicht uns zugezogen. Wir haben ihn eingefangen und domestiziert. Hunde gibt es heute auf allen Kontinenten. Sie wurden schon vor mindestens 14.000 Jahren von uns domestiziert und dies wohl mehrfach und unabhängig voneinander an verschiedenen Orten der Welt. Es gibt wohl kein Haustier, bei dem die Rasseunterschiede markanter sein könnten als beim Hund. Man vergleiche nur Pitbull und Pekinesen: Der erstere für wilde Schaukämpfe und der zweite für den Schoß gezüchtet. Hunde sind besonders neugierig und lernen deshalb so gut. Es gibt Hütehunde, die so gut sind, dass sie auf Zuruf des Schäfers in der Lage sind, eine Schafherde so zu trennen, dass die männlichen und weiblichen Schafe getrennt in einen Pferch getrieben werden können. Es gibt Jagdhunde mit so guten Nasen, dass sie ein angeschossenes Wild auch am kommenden Tag auf einer Distanz von einem Kilometer aufspüren können. Und es gibt die Bernhardiner in den Alpen, die Dich aus drei Meter tiefem Schnee ausgraben, wenn Du von einer Lawine verschüttest wurdest. Die Polizei an Flughäfen hat Schäferhunde, die auch den leisesten Hauch von Drogen oder Dynamit aufspüren, ohne dass sie sich dabei groß anstrengen müssen.

Die Vielfalt der europäischen Hunderassen zeigt, wie sehr der Mensch durch seine gezielte Züchtung großen Einfluss auf Aussehen, Leistung aber auch mentale Fähigkeiten der Tiere nehmen kann. Pitbulls, Pekinesen, Windhunde, Boxer, Dackel, Pudel oder Jagdhunde sind dafür nur einzelne Beispiele. Braucht ein Pekinese ein Sofa, ein Jagdhund freie Wildbahn oder ein Spürhund die Zollfahndung, um jeweils seine rassegerechte Freiheit zu genießen? Die Beantwortung dieser Frage braucht mehr Forschung. Für mich ist jedoch klar, dass wir uns durch unsere Züchtung an den Geschöpfen oft versündigt haben. Es gibt sicher eine Grunderkenntnis davon, was das allgemeine Wesen eines Hundes ausmacht und welche Freiheiten man ihm einräumen sollte. Es sind jene Haustiere, die uns Menschen am nächsten sind. An den Hunden wird vielleicht am besten deutlich, dass wir unsere Haustiere fordern und nicht zu sehr verwöhnen sollten. Jede Herausforderung steigert ihre Kreativität und Leistung. Das Leben unserer tierischen Partner wird dadurch auch für sie selbst reicher.

Paytas, unser Ungarischer Hirtenhund, durfte nicht ins Haus, freute sich aber mächtig, wenn mein Bruder Jürgen und ich vor die Tür kamen. Er wohnte in seiner halbdunklen Hütte unter der Terrasse, die groß war wie ein kleines Schlafzimmer und stets mit frischem Stroh ausgelegt wurde. Paytas war unser Freund für draußen und kam schwanzwedelnd überall mit hin, wo wir waren und war auch für jeden Unsinn zu haben. So testeten wir zum Beispiel seine Fähigkeiten zur Spurensuche. Ohne dass Paytas es sehen konnte, legten wir eine lange Kette mit Strohballen in der Scheune und halb drum herum aus, ließen einen von uns drüber laufen und schleppten die Strohballen wieder weg. Das war viel Arbeit! Dem Hund hat die Suche großes Vergnügen bereitet, er hat den Versteckten immer in wenigen Sekunden wiedergefunden. Nicht begeistert war unser Hund von der Hühnerhypnotisierung in seiner Hundehütte. Wir befahlen ihm die Hütte zu verlassen, draußen zu warten. Paytas setzte sich vor die Hütte auf sein Hinterteil und schaute uns so vorwurfsvoll an, dass wir bis heute ein schlechtes Gewissen bewahrt haben. Unter den Haustieren ist der Hund der beste Kenner und Freund des Menschen. In der Kommunikation mit dem Homo sapiens ist er unschlagbar. Er sagt uns, ob er Schmerzen hat oder beleidigt oder neidisch ist. Wir fürchten uns mit Recht oft vor zornigen Hunden und begrüßen es, wenn er lacht. Wir sehen es an seinem Gesicht, wenn er sich freut, erkennen wir es an seinem Schwanz. Hunde sind nie arrogant, sondern sehen großmütig darüber hinweg, wenn wir etwas nicht so gut können wie sie, oder wenn wir die Orientierung verloren haben. Nicht nur Blindenhunde sagen uns, wo es langgeht. Kein Haustier nimmt sich so viel Freiheit oder bekommt sie wie ein kluger Hund. Wir können davon lernen.

Der Hund schwitzt durch den Mund, wir durch die Haut. Wir Kinder waren sicher, wenn der Hund Grass frisst, gibt es Regen. Alte Hunde pupsen wie alte Menschen. Forscher im Kongo haben festgestellt, dass die Bonobo-Affen im Alter weitsichtig werden[16]. Sie brauchen einen langen Arm, um ihre Weibchen zu lausen, weil sie sonst die Laus nicht sehen. Meinen Beobachtungen nach haben auch Hunde dies menschliche Altersproblem.

Auch unsere Hunde sind Heimtiere geworden und passen nicht mehr recht in moderne Landwirtschaften. Auf unseren alten Bauernhöfen hatten Hunde sicherlich mehr Anregungen und Freiheiten als in den Wohnungen, Straßen oder Parks, auf welche sie heute angewiesen sind. Neben den Katzen sind sie die wichtigsten Kunden eines Milliarden schweren Heimtiermarktes. Die Leipziger Firma, Futalis, hat einen Versandhandel für Hunde, die Frauchen und Herrchen alle zwei Wochen individuell komponiertes Hundefutter zuschickt. Oft wird dies von Veterinären den Hundehaltern verschrieben.

Meine Tauben, vollschlanke Grazien der Luft

Schon mit zwölf Jahren hatte ich meine eigenen Tauben (*Columbidae*). Es waren keine eleganten, weißen Tauben, wie das Brautpaar in Russland sie zur Hochzeit in die Freiheit fliegen lässt oder Kröpfertauben, die einen so dick gezüchteten Kropf haben, dass sie mit dem Schnabel zum Picken kaum an den Boden reichen. Es waren auch keine der legendären Brieftauben, die zielsicher in ihren Schlag zurückfinden, egal wo man sie aussetzte. Meine „Gebrauchstauben" waren Rassetauben der Rasse Braune und Blaue Strasser. Die schmucken, korpulenten Tiere waren schneeweiß, hatten je nach Rasse aber taubenblaue oder braune Schwungfedern. Die ersten Zuchtpaare bekam ich zum Geburtstag geschenkt und konnte sie in den frisch gerichteten, großen Taubenschlag, gleich über dem Bullenstall in der Zuckerscheune wohnen lassen. Im Taubenschlag musst Du Dich ruhig verhalten und darfst keine schnellen Bewegungen machen, dann gewöhnen sich die Vögel an Dich. Ich konnte meine schönen Tauben stundenlang beobachten. Sie waren so zahm, dass ich den brütenden Tauben vorsichtig mit der Hand unter ihre Daunen greifen konnte, um zu prüfen, ob die beiden Eier, die eine Taube in der Regel legt, schon ausgebrütet waren. Tauben, die Du magst und die Dich auch mögen, sind etwas Herrliches. Sie im Schwarm in großen Bögen und Kreisen, immer wieder auf und ab über Hof und Felder fliegen zu sehen und zu wissen, alle kommen abends wieder zurück in Deinen Schlag, machen Dich stolz und glücklich. Ich bin überzeugt, es ist die reine Freude der Tauben am Fliegen, die sie zu diesem Vergnügen hoch oben in der Luft treibt.

Die Söhne vom Bekleidungshaus Stehn in Ahrensbök waren auch passionierte Taubenzüchter. Gemeinsam stellten wir unsere schönsten Vögel auf Schauen aus, bis hin zur großen DLG-Schau in Hannover und fachsimpelten über unser Hobby. Sie empfahlen mir, meine Tauben mit Anisöl zu bestreichen. Ihr Duft würde auf fremde Tauben so faszinierend wirken, dass diese zu mir in den Schlag ziehen würden. Ich habe es versucht: nach einer Woche hatte ich schon fünf, sechs fremde Tauben im Schlag, aus Gnissau und anderswo her, die meinen duftenden Schlag als neue Heimat gewählt hatten.. Die zugeflogenen Vögel waren dahergelaufene Vögel, denen man kaum ansehen konnte, welcher

Rasse sie zugeordnet werden konnten. Nach kurzem Spiel habe ich sie wieder des Schlages verwiesen, um keine Mischlinge zu züchten. Taubenzüchter sind stolz auf ihre Rassetiere. Es gibt heute in Deutschland weit mehr als 100 Taubenrassen, die von passionierten Züchtern jährlich auf Schauen gezeigt und prämiert werden. Ihnen geht es nicht um das Fleisch, sondern um die Freude, die sie an ihren Tieren haben und zusammen mit anderen Taubenliebhabern in allen Regionen des Landes teilen. Abgesehen von Premium-Rasse-Tauben gibt es in Deutschland wohl keine Züchter, die kommerzielle Ziele verfolgen. Mit großer Wahrscheinlichkeit können diese Tauben die fünf Freiheiten für Haustiere bei ihren Haltern weitgehend genießen. Ihr Leben ist aber in aller Regel auf Volieren beschränkt. Lustvolles Fliegen hoch in die Luft ist ihnen nicht möglich.

Die wilde Ringeltaube trägt einen weißen Ring aus zarten Federn um den Hals. In ihrem kompakten Wuchs kommt sie meinen Strassern am nächsten. Sie scheut dagegen den Umgang mit Menschen und zieht es vor, hoch in den Bäumen zu leben. Unsere Ringeltauben hatten ihre Nester in den Ulmen des großen Gartens und in den Tannen im benachbarten Wäldchen. Diese Nester bestehen nur aus ein paar dürftigen Zweigen, so flach und schmal, dass ich bisweilen von unten heraufschauend sehen konnte, ob Eier oder Jungvögel im Nest waren. Bei schönem Wetter sitzt der Täuber gern auf der Spitze seines Lieblingsbaumes der unter- oder aufgehenden Sonne zugewandt und gurrt ungeheuerlich zufrieden. Bei guter Stimmung, und dazu gehört Sonnenschein, fliegen die ziemlich schweren Vögel 30 – 50 Meter steil auf, um sich dann genussvoll wieder hinabgleiten zu lassen. Dass ich das Vollschlanke liebe, erkennst Du auch daran, dass ich neben den Kaltblutpferden, zu denen auch die Shetland Ponys gehören und den behäbigen Kühen die Strassertauben und die Ringeltauben besonders liebe.

Ist den Menschen die Freude an den Tauben abhandengekommen? Abgesehen von den wenigen Brieftauben oder in Kleintierzüchtervereinen sieht man heute nur noch Tauben in der Stadt, auf Straßen, Plätzen, Kathedralen oder Bahnhöfen. Sie vegetieren selbst im Untergrund, in U-Bahnschächten oder Tiefgaragen. Kommunen, Deutsche Bahn und Kirchen wehren sich gegen die Invasionen der ordinären Felsentaube, ein Schlag, der sich heute urban unkontrolliert vermehrt und alles vollscheißt. Die Kommunen bewehren ihre Simse,

Fensterbänke und Streben mit dünnen Stäben, damit sie sich dort nicht niederlassen können. Ein paar einsame Rentnerinnen füttern sie auf Bänken sitzend in den Parks der Städte ungeachtet der Schilder, „Tauben füttern verboten". Der Satiriker, Georg Kreisler verfasste in Frühlingsgefühlen: „Gehn wir Tauben vergiften im Park". Ja, Ekel vor Tauben ist mit Patrick Süskinds Novelle, Die Taube, unsterblich in die Literatur eingegangen: Jonathan Noel, ein verarmter, einsamer Deutscher in Paris tritt im August 1984 an einem Freitag aus seiner Tür und sieht vor sich auf der Treppe eine Taube, die ihn vollends aus der Bahn wirft. Er weiß nur, dass er nicht mit einer Taube, dem Inbegriff von Chaos und Anarchie, unter einem Dach leben kann. Er zieht aus. Die Abscheu der Städter vor Tauben kann man nachvollziehen. Im landwirtschaftlichen Kommerz wollen sie nicht mehr recht Fuß fassen. Auf dem Lande sind sie daher selten geworden und leben nur noch eingesperrt in den Kleintierzüchtervereinen. In unserer verbiesterten Tiermoral können wir die Stadttauben nicht einfach umbringen und essen, wie wir dies wie selbstverständlich mit den Schweinen und Hähnchen tun. Es wäre schön, wir könnten diese anmutigen Vögel in ein neues, kulturell tragfähiges Konzept der Haltung von Haustieren einbeziehen.

Nicht nur die Tauben, auch die streunenden Hunde und Katzen stellen heute ein urbanes Problem dar. Die Hunde in Indien, wo Tiere durch die Kultur des Hinduismus besonderen Schutz genießen, sind in den dortigen Städten zum Hauptträger der Verbreitung der Tollwut geworden. In keinem Land der Welt sterben so viele Menschen an Tollwut wie in Indien. In deutschen Kommunen haben nicht die Hunde, wohl aber die Katzen Freigang. Nachbarn können sich kaum gegen diese Lieblinge wehren. Das geht leider oft auf Kosten der Singvögel und der Eidechsen in unseren Gärten. Für diese drei Haustiere, Taube, Hund, Katze, war damals, vor fünfzig Jahren, das Verhältnis zwischen Mensch und Tier vielerorts in Ordnung. Neue Lösungen sind gefragt.

Kulturträger Bienen

Das Bienensterben ist in aller Munde und auch die Frage, wer die Blüten bestäubt, wenn es die Bienen (*Apis mellifera*) einmal nicht mehr gibt. Die Bienen waren allseits beliebte, besondere Wesen unserer heute ziemlich untergegangenen ländlichen Kultur. Die bedeutendsten Imker waren vor hundert Jahren die Lehrer und Pfarrer, Kulturträger des ländlichen Raumes. Sie waren die Ersten, die sich mit wissenschaftlichen Methoden über das Leben der Bienen geforscht haben und Erstaunliches herausfanden. Ein Bienenvolk von etwa 50.000 Bienen hat nur eine einzige Königin. Dazu kommen ein paar hundert Drohnen, die männlichen Bienen, die nur dem Zweck dienen, eine Königin zu befruchten, damit diese befruchtete Eier legen kann. Später, wenn dies geschehen ist, werden sie des Korbes verwiesen, nicht mehr gefüttert, oder gar umgebracht. Schwarm und Volk sind nicht dasselbe. Ein Schwarm besteht aus einer jungen oder alten Königin die sich mit einem Teil der Bienen des alten Arbeitsvolkes absetzt, um ein neues Volk zu gründen. Den großen Rest des Volkes bilden die weiblichen Arbeitsbienen, die die gesamte Arbeit machen. Eine „Sommerbiene" lebt nur etwa 40 Tage und durchläuft dabei eine bewundernswerte Karriere. Die „Winterbienen" überleben mehrere Monate, um im Kollektiv durch ihre Bewegungen das Volk auch bei Frost auf Mindesttemperatur zu halten und vor dem Verhungern bis zum Frühling zu bewahren. Kaum ist die Arbeitsbiene aus ihrer Zelle geschlüpft, in der sie als Larve zur Biene wurde, beteiligt sie sich an der Reinigung des Bienenstockes, um dann schon vom 4. bis 8. Arbeitstage unter Anleitung der Älteren die Larven zu füttern. Langsam werden sie auf ihre Hauptaufgabe der Nektarbeschaffung vorbereitet und haben zunächst die Pflicht, sich am Ausgang des Bienenstockes zu postieren, um zu schauen, was die anderen tun. Sie lassen dort nur die Bienen ein, die zum Stock gehören und alle Fremdlinge werden unter Einsatz des eigenen Lebens vertrieben oder getötet. In der Sonne, vor der Tür, hat die junge Biene Zeit den Flug ihrer erfahrenen Schwestern zu beobachten. Diese schwärmen den ganzen Tag bis zu 5 km in die Landschaft hinaus, um den Nektar der besten Blüten zu sammeln und kehren dann mit Pollen beschwert und mit bis zu 0,08 Gramm Nektar beglückt in den Korb zurück. Ein aktives, kräftiges Bienenvolk ist so in der Lage, mehr als 1 kg Honig in drei Tag zu sammeln. Bienen haben brillante Augen und einen herausragenden

Geruchssinn. Dies und das Lernen von anderen Bienen hilft ihnen gemeinsam die besten Futterplätze zu finden. So erarbeiten sich unsere Bienen ein geographisches Gedächtnis, das dem kleinen Insekt hilft in seinem kurzen Leben eine große Menge Nektar zu sammeln und nebenbei auch eine viertel Million Blüten zu befruchten.

Kein Haustier ist so intensiv wissenschaftlich in seinem Verhalten erforscht worden, wie die Bienen. Ihr Sozialleben ist so straff organisiert wie kein anderes. Eine Biene allein hat keine Überlebenschance. Es braucht mindestens 20.000, damit es im Korb zufrieden brummt. Wie kommuniziert der Imker mit seinen Bienen? Vor allem in größter Ruhe und Behutsamkeit. Hektisches Getue stresst die Insekten und löst ihrerseits Unruhe, ja Sorge um die eigene Sicherheit aus. Bienen können verärgert, ja aggressiv werden. Sie stechen dann. Sie tun dies fast immer im Kollektiv. Anders als mit den anderen Haustieren haben wir es immer mit der ganzen Gruppe zu tun, seltener mit einem persönlich bedrohten Individuum. Als befreundete Entwicklungshelfer, Bernhard und Renate Claus, in Botswana ihren vollen Bienenkorb auf die eingehängte Klappe ihres Kleinlasters setzten und diese herunterklappte, zerbrach der Korb und löste einen Angriff des ganzen Schwarmes auf die beiden aus. Renate konnte sich hinter der Küchentür verstecken, Bernhard sprang in seiner Not in den Pool und tauchte unter, bis die Erbosten sich beruhigt hatten. Mit Bienen kann man reden und die Imker, die ich kennen gelernt habe, haben dies gern getan. Im Ton waren sie stets ruhig und erklärend im Bewusstsein um die soziale Komplexität ihres Volkes. Wahrscheinlich haben die Bienen die Sprache selbst nicht verstanden, wohl aber, was damit ausgesagt werden sollte. Wenn der Imker in seinen Völkern nachschaut, ob genügend Waben mit Brut vorhanden sind und genügend Honig eingelagert wurde, löst das im Volk immer Unruhe aus. Das verlangt Ansprache. Der Ton macht die Musik. Viele Imker kommen so ohne Schutzhauben aus und werden nicht gestochen.

Bienen waren spätestens seit der Reformation die Haustiere der gebildeten Stände. Pfarrer und Lehrer haben Bienen gehalten. Meine Tante Lena schenkte mir das Buch „Unsere Bienen. Ein ausführliches Handbuch über alles, was ein Imker heute wissen muss"[17]. Das dicke Buch erschien schon 1909 und war der Tante wiederum von ihrer Tante, der Baronin von Born, geschenkt worden. Aus diesem Buch möchte ich aus dem 3. Kapitel zum Thema „Die Frau als Imkerin", geschrieben von Fräulein Maria Ritter aus Urach zitieren. Es zeigt, wie groß die Passion für Haustiere sein kann, selbst wenn es sich dabei nur um Insekten handelt: „Vor 14 Jahren habe ich meine Bienenzucht mit zwei Schwärmen begonnen, trotzdem ich im Anfang rein gar nichts davon verstand.... Ich kam dazu, weil ich den großen Wunsch hegte, mir selbst etwas zu erwerben. ... Es geschah also keineswegs aus Lust und Liebe zur Sache selber. Nie hätte ich damals geglaubt, dass die Bienen mir so ans Herz wachsen könnten, dass ich sie mein Leben lang nicht mehr missen möchte. ... Leider musste ich viel Lehrgeld zahlen und zumeist durch Schaden lernen. Aus diesem Grund sind die Bestrebungen des deutschen Reichsvereins so anerkennenswert, Lehrkurse für Frauen einzurichten. ... Die Pflege der Bienen ist eine hochinteressante Beschäftigung, bei welcher Geist und Körper zugleich betätigt sind, eine der edelsten Naturliebhabereien, welche dem, der sie ausübt, immer neue Gesichtspunkte eröffnet und die sich auch pekuniär lohnt. ... Daneben gedenke ich mich besonders mit der Königinnenzucht zu beschäftigen, welche mir von jeher das größte Interesse einflößte ... Meine Bienen sind vorwiegend Norwegerkreuzungen, deren Stammmütter ich früher durch die Güte Pfarrer Weygandts in Flacht erhielt... Das Interesse wächst mit jedem Tag, an welchem man einen weiteren Einblick in die Wunderwelt der Bienen gewinnt und ich denke, schon der weiblich regierte Musterstaat, der mich stets aufs Neue freut, sollte eine starke Anziehungskraft für Frauen bilden!"

Oberst Uhle-Wettler war als Flüchtling mit seiner großen Familie nach Heuerstubben gekommen. Er hatte schon vor dem Krieg im 100.000-Mann-Heer gedient. Außer Militär hatte er keine beruflichen Erfahrungen. Mir gab er Reitunterricht mit dem Pony. In Gnissau baute er eine Sammelbibliothek auf und in Heuerstubben versuchte er sich mit zwei Bienenstöcken. Sie standen in unserem Garten, die Fluglöcher Richtung Sonnenaufgang. Vielleicht hatte der Oberst auf der Suche nach Beschäftigung das Buch, „Unsere Bienen" entdeckt. Ansonsten waren Bienen in Heuerstubben nie wichtige Haustiere, obwohl sie immer in Feld und Flur zu sehen waren. In Gnissau gab es einen Vollimker mit mehr als 100 Bienenstöcken. Oft habe ich ihm im Frühjahr geholfen, seine Bienen am Rande unseres Rapsfeldes aufzustellen, um den guten Honig zu produzieren. Immer wieder gab es dabei die Debatte, wer eigentlich wem dient – der Bauer mit seinen Blüten oder der Imker mit seinen Bestäubern. Heute wissen wir, dass unsere Bienen durch Pestizide und Krankheiten weltweit so gefährdet sind, dass sie drohen auszusterben. In dem Film „More Than Honey" wird gezeigt, dass in China Obstbäume schon von Hand bestäubt werden, weil keine Bienen mehr da sind. In Japan hat man begonnen, hierfür funkgeführte Drohnen zu entwickeln. Der Umgang mit Bienen ist jedoch ein uraltes Kulturgut, welches in der aktuellen Revitalisierung des ländlichen Kulturraumes nicht fehlen darf.

Kurzum, wenn es um die passionierten Hobby-Imker ginge, kommerzielle Großproduzenten von Honig gibt es kaum in Deutschland, wenn es um die Vermeidung von Insektiziden in der Landwirtschaft ginge und wenn der ökologische Landbau sich durchsetzen würde und mehr Menschen das Bewusstsein um die hohe Wertigkeit von heimischem Honig ginge, wären unsere Bienen besser dran.

Wie ist es um die fünf Freiheiten der Honigbiene bestellt? Sie kommt im Tierschutzgesetz nicht vor. In der Tierschutzdebatte tauchen Bienen kaum auf. Die Empfindungsfähigkeit von Insekten wird kontrovers diskutiert. Fraglos haben Bienen aber herausragende Sinnesleistungen und ein komplexes soziales Verhalten, manche sprechen ihnen auch Bewusstsein zu. Viele Imker, nicht nur in der wesensgemäßen Bienenhaltung, pflegen einen respektvollen Umgang mit ihren Bienen.

1. Freiheit von Hunger und Durst
    Die Freiheit von Hunger und Durst ist durch die intensive Landwirtschaft, dem Todfeind der Biodiversität, so reduziert, dass die Wildbienen in Deutschland ziemlich ausgestorben sind. Es kommt vor, dass unsere Honigbienen bei Trachtlücken eine Notfütterung brauchen. Um Honig zu gewinnen, rauben wir ihren Wintervorrat. Für diese Mangelmonate versorgen wir sie stattdessen mit Zucker, damit das Volk im kommenden Frühjahr wieder weitgehend vollständig und kraftvoll ausfliegen kann. In der wesensgemäßen Bienenhaltung belässt man ihnen ausreichend Honig und verwendet keinen Zucker.

2. Freiheit von haltungsbedingten Beschwerden
    Die Freiheit von haltungsbedingten Beschwerden bemühen die Imker zu gewährleisten, indem sie ihre Beuten so bauen und vor Kälte schützen, dass ihre Tiere sich bei ihm wohlfühlen.

3. Freiheit vor Schmerz, Verletzungen und Krankheiten
    Die Freiheit vor Schmerz, Verletzungen und Krankheiten werden auch von kundigen Imkern in Zusammenarbeit mit der

Wissenschaft gesichert. Das ist nicht immer zuverlässig gegeben. Die durch unseren Handel aus Asien in den siebziger Jahren eingeschleppte Varroamilbe, eine Zecke, ist zu einer allgegenwärtigen Plage der gesamten Bienenzucht geworden. Jeder Imker hat mit der Bekämpfung der Varroamilbe zu tun und ausgewilderte Bienenvölker gehen bald zugrunde.

4. Freiheit zum Ausleben normaler Verhaltensmuster
Die Freiheit zum Ausleben normaler Verhaltensmuster, das soziale Leben im Korb wie auch das tägliche Ausschwärmen zu den Millionen Blüten der Umgebung scheint einigermaßen gewährleistet zu sein. Am ehesten leidet wohl noch die Königin unter haltungsbedingten Beschwerden und Mangel an Freiheit, wenn sie mit beschnittenen Flügeln nur bis zum Absperrgitter gelangt und nicht im gesamten Bienenstock umherwandern kann. Vielleicht vermisst sie auch den Königinnenflug zur Begattung hoch oben in der Luft. Die wesensgemäße Bienenhaltung verzichtet jedenfalls auf die drei Maßnahmen: Absperrgitter, Beschneidung der Königin und künstliche Befruchtung. Der natürliche Schwarmtrieb wird hier für die Vermehrung genutzt. Schließlich wird auch diskutiert, ob denn Naturwabenbau nicht unbedingt nötig sei für das Wohlbefinden eines Bienenvolkes.

5. Freiheit von Angst und Stress
Die Freiheit von Angst und Stress versucht der Imker mit ruhigem Umgang und sanfter Ansprache seinen Schützlingen zu gewährleisten. Beim Transport von Völkern kann es kann es passieren, dass ein ganzes Volk in so große Unruhe gerät, dass es verbraust, es also zu heiß wird, das Wachs schmilzt und das Volk stirbt. Jeder Imker wird aber alles tun, dies womöglich zu vermeiden.

Zutrauliche Kaninchen

Kaninchen (*Oryctolagus cuniculus*) in Heuerstubben, die gab es, bevor die Flüchtlinge kamen, nur wild. Sie hatten sich von Gnissau, wo es Sandböden gibt, in denen die Wildkaninchen ihre Höhlen mit vielen Ausgängen gruben, zu uns verirrt, wo der Lehmboden das Buddeln schwermacht. Unsere wilden Kaninchen waren schnell, schlau und besonders vorsichtig. Sie konnten besser Haken schlagen als man dies den Hasen nachsagt. Wer zu Kaninchen Hase oder auch Stallhase sagt, irrt, genauso wie der, der behauptet, das Reh sei das Junge vom Hirsch. Unsere Kaninchen lebten in Familie in einem kleinen Bau am Ende des Gutsparks, wo der Wassergraben vom Hundehörn eine für uns Kinder tiefe Schlucht genagt hatte. Im Obstgarten nebenan, der nur zur Herbstzeit von uns frequentiert wurde, konnten die Kaninchen äsen und an dem Südhang des Grabens sich, von ein paar Unkräutern vor den Blicken von Feinden geschützt, in der Sonne wärmen. Ja, unsere kleinen Kaninchen waren Genießer, die in ihrer Abgeschiedenheit nur die besten Gräser und Kräuter zupften und gern lang ausgestreckt in der Sonne liegend samt ihrer vielen Kleinen faulenzen konnten. Insbesondere auf die Jungen hatte es jedoch der Habicht abgesehen. Als die Kaninchen beharrlich begannen, sich morgens schon um vier an unserem Weiß- und Blumenkohl im Garten zu laben, habe ich drei von ihnen mit dem Kleinkaliber erschossen. Nie werde ich das Schreien des einen, dessen Hinterteil ich nur getroffen hatte, vergessen. Den Schmerz und die Todesangst kannst Du lebhaft nachempfinden, es geht Dir durch Mark und Bein.

Kaninchenhaltung auf Ostholsteiner Bauern- oder sogar Gutshöfen war nicht üblich. Das war vielleicht eine Statusfrage. Diese Tiere zählen nicht zum Besatz eines stolzen Hofes. Bei den Flüchtlingen war das natürlich ganz anders. Selbst Oberst Uhle-Wettler, unterstützt von seiner tüchtigen Frau, war da keine Ausnahme. Vier Flüchtlingsfamilien bekamen einen kleinen Platz neben dem Kükenstall, wo sie ihre Kaninchenställe bauten. Kaninchen vermehren sich sehr schnell: Ein junges Kaninchen kann schon neun Monate nach der Geburt selbst Mutter werden und bekommt dann drei Mal im Jahr sechs bis acht Kleine. Die Karnickel bekamen meist nur Grünfutter oder Heu, welches die Flüchtlinge von den Feld- und Wiesenrainen sammelten. In den ersten Jahren nach dem Krieg waren die Kaninchen ein wahrer Schatz für die Familien aus dem Osten, die in Heuerstubben Unterschlupf gefunden hatte.

Auf einer meiner ersten Reisen nach Afrika lernte ich das berühmte westafrikanische Rabbit-Breeding-Projekt kennen. Am Eingangstor zur Farm prangte ein großes Schild mit der Aufschrift: „feed them, breed them, control them“. Der von den großen belgischen Rammlern, die er importiert hatte, begeisterte Züchter erklärte mir, dass es in Westafrika so viel Elefantengras gäbe, dass Futter unbegrenzt zur Verfügung stünde. Er zeigte mir an Hand einer exponentiellen Kurve, wie schnell sich seine Kaninchen in nur drei Jahren vermehren würden, dass man sie auch kontrollieren müsste, sonst würde der Kontinent von den Kaninchen aufgefressen werden. Kaninchen sind leider empfindliche Wesen. Wenn sie Zug oder Nässe bekommen, leiden sie, werden krank und sterben. Das humide Klima Ghanas verdoppelte die Empfindlichkeit der Tiere und die Euphorie des Afrikaners fand daher schnell ihr Ende.

2016 bekam ich von einem alten Bremer Handelshaus, das tierische Fasern für die Textilwirtschaft aus aller Welt importiert, den Auftrag einen Nachhaltigkeitsstandard für Angorakaninchen aus China zu entwickeln. Vor fünfzig Jahren blühte in Europa die Kultur der Angorakaninchenzucht. In Frankreich, Groß Britannien, der Schweiz und Deutschland wurden jährlich viele Tonnen Angorawolle für den Textilmarkt produziert. Wie die Textilwirtschaft selbst wanderte auch die Angorazucht nach Asien ab. Heute gibt es 50 Millionen Angoras in China, die dort in Fabriken mit bis zu 50.000 Tieren gehalten werden. Das Youtube-Video von PETA „Ein Leben in der Angorawolle-Industrie / PETA“ ist in Video der Tierrechtsgruppe PETA über das Leben in der Angorawolle-Industrie, in dem zu sehen ist, wie den Kaninchen die Haare qualvoll ausgerissen werden. Kein Textilgeschäft will sich heute nachsagen lassen, dass es Angorafasern aus China verkauft. Der Aufwand für uns, in China für eine artgerechte Angorazucht zu sorgen, war zu groß. Wir mussten das Projekt aufgeben.

In Kleintierzüchtervereinen werden heute überall in Deutschland neben Tauben, Hühnern, Enten und Gänsen auch Kaninchen gezüchtet. Den Züchtern geht es nicht um den Kommerz. Sie pflegen mit Passion ihre Tiere und den sozialen Austausch untereinander. So gibt es wenigstens für die kleinen Haustiere so etwas wie eine Fortsetzung der alten, bäuerlichen Kultur.

Die aristokratischen Karpfen

Wo immer möglich wurden in der Ostholsteiner Seenplatte Karpfen (*Cyprinus carpio*) gehalten. Weil wir heute Fisch aus der ganzen Welt beziehen, ist der Karpfen etwas aus der Mode gekommen. Der Volksmund nannte sie gern Teichschweine des Nordens. Zu Heuerstubben gehörte ein Karpfenteich, groß wie ein Fußballfeld. In diesem Teich haben wir Kinder schwimmen gelernt. Bei schönem Wetter trafen wir uns am Teich, bis zu zwölf Kinder von den Höfen Heuerstubben, Kattenberg und Wildkoppel, planschten im trüben Wasser und versuchten einen uralten, leckgeschlagenen Kahn wieder flott zu machen. Schwimmen konnte meiner Erinnerung nach zunächst keiner und es gab auch keine Erwachsenen oder Bademeister, die auf uns hätten aufpassen können. Es ist alles gut gegangen, bis auf meine Rippenfellentzündung, die mir sechs Wochen Kinderlandverschickung nach Wyk auf Föhr eingetragen hat und viele Erkältungen, weil wir aus dem Wasser kommend auf unseren Handtüchern sitzend oft froren wie die Schneider. Am Ufer gab es unter Wasser Blutegel, die auf uns lauerten. Die Egel sind langlebig, sie können drei Mal älter als ein Hund werden. Erst wenn sie mit drei Jahren geschlechtsreif sind, versuchten die fetten, agilen, schwarzen Würmer sich an unseren Beinen festzusaugen und danach mit ihren Zähnen die Haut aufzuritzen, um ans Blut zu kommen. So ein Egel kann in weniger als einer Minute das fünffache seines Körpers an Blut aufnehmen. Wir haben die Viecher immer so schnell wie möglich von den Beinen abgezogen und wieder ins Wasser geschmissen. Wie wir später hörten, hätten wir sie auch an Apotheken verkaufen können. Blutegel sind etwas Ekliges. Die Würmer haben uns aber nicht davon abgehalten ins Wasser zu springen.

Der Karpfenteich war vor ein paar hundert Jahren von Mönchen des Klosters Ahrensbök angelegt worden, da sie auch freitags mindestens Fischfleisch essen wollten. Der Teich war für mich während der Lehrzeit und des landwirtschaftlichen Praktikums immer ein besonderer Anziehungspunkt, obwohl er 20 Minuten entfernt vom Hof lag, eingebettet in einer Weide, die zum Deputat der Arbeiter von der Langen Reihe gehörte. Die Stille des Wassers mit seinen Libellen darüber, der Nebel, die heimlichen Wildenten, die auf der anderen Seite brüteten und die Blässhühner, die sich gern ziemlich laut miteinander unterhielten, habe ich viele Male auf mich wirken lassen. Bisweilen verharrte auch auf der anderen Seite ein schlanker, storchengroßer Graureiher, mit dem ich mich maß, wer wohl länger bewegungslos warten konnte, er auf einen Fisch oder Frosch, ich auf alles in und um den Teich herum. Der Reiher hat immer gewonnen. Du magst es auch schon gehört haben, ein flaches Wasser kann still sein, wie eine Schneedecke im Winter auf der Landschaft. Du sitzt am Teich und genießt diese Stille. Plötzlich macht es „Plopp". Es ist ein Frosch, der neben Dir saß und ins Wasser sprang. Mit den langen Beinen eines Mannequins schwimmt das Tier schnell in die Tiefe und verschwindet vor Deinen Augen. Warum wollte der Frosch jetzt gerade abhauen? Vielleicht, weil er mal wieder baden wollte, um seine in der Morgensonne getrocknete Haut wieder zu befeuchten. Oder er wollte Andere in der Tiefe treffen. Frösche genießen das Privileg, im Wasser wie in der Luft leben zu können, was uns leider versagt ist.

Der Teich hatte einen Mönch. Das ist ein Schacht, in dem acht Eichenbretter stecken, die das Wasser stauen. Kutscher Petersen, der für unsere Pferde zuständig war, sagte immer: „Pferdemist musst Du im Frühjahr vor den Schacht kippen, damit die Ritzen kein Wasser durchlassen. Kuhmist ist nicht so gut." Einmal im Dezember, vor Weihnachten, wurde das Wasser vom Teich abgelassen und alle Fische versammelten sich sorgenvoll vor dem Mönch. Wir fingen sie mit Keschern ein und setzten sie in einen großen Bottich, um sie im Dorf als Weihnachtskarpfen, eine Woche später als Neujahrskarpfen zu verkaufen. Das war eine eiskalte Angelegenheit. Auch bei Frost stand ich neben dem Bottich auf dem Hänger mit zwei Pferden davor und musste mit nackten Armen den Karpfen gewünschter Größe aus dem Bottich fischen, den Zappelnden wiegen und dem Kunden unten auf der Dorfstraße in den Eimer geben. Die Lunge des Fisches sind die Kiemen, die den Sauerstoff zum Atmen aus dem Wasser ziehen. An der Luft öffnen die Karpfen verzweifelt ihre Kiemen und Du kannst ihre zarten, roten Gewebe erkennen, die dringend das Wasser brauchen. Es musste meinen Karpfen höllisch weh tun, wenn eine Frau unten auf der Straße meinen Fisch in der Hand viel zu lange betrachtete und vielleicht sogar noch einen Zweiten oder dritten gezeigt bekommen wollte, um ihre Entscheidung zu treffen. Sie hätte mich nicht verstanden, wenn ich sie zur Eile gedrängt hätte, den Fisch zu nehmen. Das Geld kassierte der Kutscher, der nur dazu seinen Handschuh auszog. Im Dorf und zu Hause gab es Weihnachten und dann nochmals Sylvester Karpfen. Im Norden waren die Karpfen Krönung eines Festmahls. Meine Mutter garte sie in

Essigwasser blau und drapierte den Zweikilofisch auf einer ihrer größten Platten, über die ein weißes Tuch gelegt wurde, worauf der Karpfen aufrecht taubenblau thronte, mit einem Strauß Dill im Maul und gelben Zitronen links und rechts verziert. Neben den Kartoffeln gab es dazu hofeigenen Meerrettich mit Sahne.

Im Sommer musste ich die Karpfen wöchentlich füttern. Im Rucksack hatte ich ein paar Kilo Pferdebohnen, mit denen ich zum Teich wanderte und sie hineinstreute. Karpfen sind herrliche, geruhsame Fische mit großem, runden Maul und erstaunten Augen, wenn man sie aus dem Wasser hebt. Zwei Karpfen haben wir leben lassen. Sie begegneten uns jedes Jahr größer und dicker vor dem Mönch wieder. Weil sie etwas Kaiserliches an sich hatten, tauften wir die beiden Veteranen Kaiser Otto und Kaiser Friedrich. Unter Wasser hatten die beiden etwas Majestätisches, wenn sie an Dir vorbei schwebten. Das konnte man in unserem Teich nicht immer sehen, weil sein Zuwasser viel Sediment aus dem Wahlsdorfer Holz mit sich führte und daher nicht klar genug war. Jedes Jahr stieg die Spannung, Otto und Friedrich beim Ablassen des Teiches wieder zu sehen. Dem Reiher waren sie zu mächtig geworden. Karpfen können uralt werden. Wenn die beiden nicht gestorben sind, leben sie heute noch. Zum Hof in Heuerstubben gehörten die Karpfen unbedingt dazu. Ich zähle sie daher zu meinen Haustieren.

Wieviel Freiheit wurde unseren Karpfen gewährt? Durst konnten sie nie haben und Hunger wohl auch nicht. Sie brauchen sehr viel weniger Sauerstoff im Wasser als Forellen, die ohne Strömung nicht leben können. Die Zahl der jährlichen Setzkarpfen entsprach der Größe des Teiches. Darüber hinaus gab es noch Pferdebohnen für sie. Haltungsbedingte Beschwerden oder Krankheiten und Schmerz drohten ihnen auch nicht. Der Teich ist uralt und immer lebten Karpfen darin. Sie werden ihre arttypischen Verhaltensmuster stets in dem Wasser ausgelebt haben. Zugegeben, meine Karpfen im Bottich hätten am Ende weniger Angst und Stress verdient.

Spatzen, liebste Gesellschafter der Höfe

Spatzen, auch Sperlinge (*Passeridae*) genannt, zählten für uns Jungen zu den Haustieren, Mäuse oder sogar Ratten, die auch da waren, aber auf gar keinen Fall. Die Spatzen gehörten auf den Hof, nicht wie die Feldsperlinge auf die Flur. Sie waren Teil unseres täglichen Lebens. Hätte allein das Gezänk und das Wuseln der Spatzen auf dem ganzen Hof gefehlt, würde Wesentliches nicht sein. Du nimmst Deine Umwelt ja nicht nur mit den Augen, sondern ganz besonders mit den Ohren und allen Deinen Sinnen wahr. Das Streiten der Spatzen auf dem Hof gehörte – unentbehrlich – dazu. Die Erwachsenen haben sie in der Regel gar nicht so wahrgenommen. Wir Jungen schauten jedem Vogel nach und freuten uns an dem Geschrei der Spatzen. Hast Du schon mal bei Sonnenuntergang vor einem kleinen Schlehenbusch, kaum höher als ein VW-Käfer, gestanden und gelauscht, wie vierzig Spatzen zur Ruhe kommen? Jeder Einzelne muss seinen Platz finden, von dem er sich bis drei Uhr morgens, wenn es dämmert, nicht mehr rührt und hofft, dass keine Schleiereule oder Katze ihn packt. Der ganze Schwarm braucht eine Unmenge Töne, um zu sich zu kommen. Die Angst vor der Nacht will bewältigt werden. Es gilt so lange hin und her zu hüpfen, bis ein unbedingter Mindestanstand vom Nachbarn, aber auch kein zu großer, um sich nicht allein zu fühlen, gesichert ist. Dann ist es mit einem Mal ruhig, totenstill, denn im Dunkeln sind die Spatzen ohnmächtig. Spatzen kuscheln nicht wie die Schweine, Katzen oder Menschen. Sie können sich auch nicht gegenseitig beschützen oder verteidigen wie Gänse oder Rinder oder Menschen. Ein richtiger Spatz braucht die große Freiheit im Schwarm sowie für sich persönlich. Wir sollten ihn nicht durch Spatzenfütterung abhängig von uns machen. Die Agrartechnik und der Grüne Plan haben diesen liebenswürdigsten Vogel des Hofes aus seiner Heimat vertrieben. Als es noch keine Mähdrescher gab und der Grüne Plan die Agrarwege noch nicht asphaltiert hatte, war Heuerstubben ein Eldorado für die Vögel. Unter den vielen Dächern der Wirtschaftsgebäude konnten sie sich frei vermehren. Da das Korn erst im Winter auf dem Hofe gedroschen wurde, gab es Futter im Überfluss. Die Wirtschaftswege des Hofes boten bei Trockenheit beglückende Möglichkeiten zum Sandbaden, eine Lieblingsbeschäftigung von Spatzen. Bei Regen fanden sie in den zahlreichen Pfützen alle Möglichkeiten zum Trinken und Baden. Heute leben keine Spatzen mehr in Heuerstubben. Auch woanders sind sie in ihrer Existenz bedroht, weil wir ihnen den Lebensraum genommen haben.

Schwalben, schwatzhafte Mitbewohner der Ställe

Als Alfred Edmund Brehm lebte (1829 - 1884), waren alle Haustiere noch da. Sein Standardwerk „Brehms Tierleben" wurde ein Bestseller und von Millionen gelesen. Beispielhaft zitiere ich ihn daher zum Thema Rauchschwalben (*Hirundo rustica*)[18]. Dieser Zugvogel trifft „zwischen dem 1. und 15. April bei uns ein. … Während der Zugzeit findet man sie in ganz Afrika. Unmittelbar nach ihrer Heimkehr findet sie sich bei ihrem alten Nest ein oder schreitet zur Erbauung eines neuen. Damit beginnt ihr Sommerleben mit allen seinen Freuden und Sorgen. … Die Rauchschwalbe ist ein außerordentlich flinker, kühner, munterer, netter Vogel, welcher immer schmuck aussieht und dessen fröhliche Stimmung nur sehr schlechtes Wetter und demzufolge eintretender Nahrungsmangel unterbrechen kann. … Auch versteht sie fliegend sich zu baden, weshalb sie dicht über dem Wasserspiegel dahinschießt, schnell eintaucht, so einen Augenblick im Wasser weilt und nun, sich schüttelnd, weiterfliegt. … Auf den flachen Boden setzt sie sich nur ungern. … Unter den Sinnen der Schwalbe steht das Gesicht obenan. Sie sieht kleine Kerbtiere, wenn sie fliegt schon in bedeutender Entfernung und jagt nur mit Hilfe des Auges. Ihre geistigen Fähigkeiten werden vielleicht oft überschätzt; … liebenswürdiger Übermut gefährlichen Geschöpfen gegenüber und friedfertiges Zusammengehen mit solchen, welche erfahrungsgemäß ungefährlich sind … und andere Beweise des Geistes und Züge des Wesens, welche die Schwalben bekunden lassen dies erklärlich erscheinen. … Je nach Witterung und Tageszeiten jagt sie in höheren oder tieferen Schichten der Luft und ist deshalb dem Volke zum Wetterpropheten geworden. Gute Witterung deckt ihren Tisch reichlich und erhöht ihren frischen Mut. Schlechtes Wetter lässt sie darben und macht sie still und traurig." Wie der Text erkennen lässt, gilt Brehm heute als unwissenschaftlich und wird daher von den Experten abgelehnt. Seine Beziehung zu den Tieren war eine sehr persönliche. Ihm wäre es nicht eingefallen, Tiere als Sache zu sehen. Vielleicht ist dies heute ein Dilemma unserer Biologen und Agrarwissenschaftler, die im Studium angehalten werden, strikt „evidence-based" zu arbeiten und persönliche Betroffenheit auszuklammern oder sich abzugewöhnen.

Im Gegensatz zu den Mauerseglern, die außen an Gebäuden nisten, bauten die Heuerstubbener Rauschschwalben in großer Zahl in allen Ställen, vor allem im Kuh- und Pferdestall ihre Nester. Ihr Zwitschern gehörte zur Stallatmosphäre und ihr Beitrag zur Reduzierung der Mücken und Fliegen war erheblich. Auch wir haben gesagt, es gibt Regen, wenn die Schwalben niedrig flogen. Die Mücken, die eigentlichen Bestimmer der Flughöhe der Schwalben, konnten wir ja nicht sehen. Die winzigen Insekten werden von den Schwalben jedoch schon 10-20 Meter im Voraus erkannt und pfeilschnell, wie ein Düsenjäger, mit offenem Schnabel erwischt. Die Pestizide, die zunehmend auch in der Heuerstubbener Landwirtschaft eingesetzt wurden, jedoch noch mehr das Aussterben der Haustiere, vor allem der Pferde, Schweine und dann auch der Rinder, haben bewirkt, dass es fast keine Fliegen und Mücken in Heuerstubben mehr gibt. Die Asphaltierung der lehmigen Wege, welche die Schwalben brauchten, um ihre Nester aus dem Material neben den Pfützen zu bauen, haben ergänzend dafür gesorgt, dass es auch in Heuerstubben seit langem keine Schwalben mehr gibt.

Freiheit und Vertrauen zwischen Tier und Mensch

Die Rauchschwalben waren die letzten Haustiere, über die ich berichten möchte. Sie alle haben mich geprägt und fehlen mir heute. Was bedeuten Dir die Tiere, wenn Du so intensiv mit ihnen aufgewachsen bist? Im Frühjahr 2017 erschien die deutsche Übersetzung des Buches von Bekoff und Pierce, „Sind Tiere die besseren Menschen?"[19], das schon 2009 unter dem Titel „Wild Justice. The Moral Lives of Animals" in den USA herauskam. Die Autoren, renommierte Professoren, die schon viele Jahre ethologische Forschung mit wilden Tieren betreiben, kommen zu dem Ergebnis, dass Tiere eine Moral haben können. Sie kooperieren miteinander, zeigen Mitleid und bemühen sich um Gerechtigkeit untereinander. Die Forscher plädieren für ein neues Verständnis im Umgang mit den Tieren, die man nicht als Objekt, sondern als Subjekt betrachten und beobachten solle. Sie kommen zu dem Ergebnis, dass auch das Erzählen von Tiergeschichten für die Wissenschaft wertvoll sein kann und so viel wie möglich über die mentalen Prozesse der Tiere berichtet werden sollte, um den Geheimnissen ihres Verhaltens näher zu kommen. Im Kontext der Evolutionstheorie Charles Darwins kommen sie zu dem Ergebnis, dass die Entwicklung der Arten nicht nur von konkurrierendem Verhalten, sondern auch durch soziales Miteinander Evolutionserfolge erbringt. Tiere können denken, sie spielen gern und sie zeigen Freude am Leben.

Meine Heuerstubbener Tiergeschichten werden für mich durch diese Forschungen bestätigt. Ich habe ganz überwiegend darüber berichtet, wie unsere Haustiere gelebt und sich verhalten haben. Als Kind und Jugendlicher habe ich das Glück gehabt, so viele faszinierende Haustiere direkt vor meiner Haustür zu haben und ihr Vertrauen zu genießen. Es ist die Neugier und frühe Entdeckerlust mich mit den Hühnern, dem Pony, Pferden oder Kühen zu beschäftigen, um sie besser zu verstehen. Alles, worüber die Forscher nach vielen Jahren Tierbeobachtungen berichten, habe ich in der einen oder anderen Form auch erlebt und gespürt, auch wenn ich nicht wissenschaftlich mit den Tieren umgegangen bin. Leider haben Bekoff und Pierce sich mit Wildtieren und nicht mit Haustieren beschäftigt. Ich habe mich aber in ihren Schilderungen wiedergefunden. Nur so weit würde ich nicht gehen, zu behaupten, dass meine Haustiere eine Moral haben. Das mag sein.

Ich war aber nicht in der Lage, dies festzustellen. Das Beispiel der Autoren von einer Schimpansendame, die ein in den Käfig gefallenes Kleinkind auf den Arm nimmt, vor den anderen Affen schützt und auf den Wärter wartet, um das Kind der Menschheit wieder zurück zu geben, klingt kaum glaubwürdig. Sicher ist der Fall nicht typisch für alle verantwortlich denkenden Schimpansenmütter. Ich kann dagegen bestätigen, dass meine Haustiere sich uns Kindern gegenüber unverkennbar toleranter, ja liebevoller verhielten, als gegenüber Erwachsenen.

Über Jahrtausende haben Menschen mit Haustieren täglich zusammengelebt. Dies hat die Menschen, aber auch die Tiere geprägt und damit einen Beitrag zur Evolution unserer Haustiere geleistet, über den noch weiter geforscht werden muss. Wichtig ist, dass durch dieses Zusammenleben ein Vertrauen zwischen Mensch und Tier entstanden ist, welches wir respektieren und kaum hoch genug einschätzen sollten. Es braucht kein langes Studium aber viele Jahre Beobachtung und Erfahrung. Aus eigener Erfahrung weiß ich, dass unsere Haustiere gleichrangige Partner sein können, wenn wir sie achten und lieben. Martin Hartmann befasst sich mit dem Vertrauensverhältnis zwischen Tier und Mensch[20]. Er stellt fest, dass dieses nur im Rahmen eines persönlichen Verhältnisses möglich ist. Das ist besonders gegeben, wenn wir unseren Tieren einen Namen geben und sie auch damit ansprechen. Wenn wir unsere Tiere kennen und diese uns, entwickelt sich gegenseitiges Vertrauen. Können die Haustiere verantwortungsvoll mit dem Vertrauen umgehen, das wir, weil wir sie respektieren, ihnen entgegenbringen? Dies ist nur möglich, wenn wir ihnen entsprechende Freiheiten gewähren. Dann können sie auch uns vertrauen. „Erst das Tier, das mich respektiert als Antwort auf den Respekt, den ich ihm zolle, wird im Umgang berechenbar."[21] Es sind prägende Erlebnisse, wenn man solche Beziehungen persönlich erleben kann. Die moderne Nutztierhaltung hat dem nun weitgehend ein Ende gesetzt. In der Massentierhaltung kann keine persönliche Beziehung entstehen. Die *Fünf Freiheiten für unsere Haustiere* bieten einen groben Orientierungsrahmen in den fünf wissenschaftlich erstellten Kategorien. Es ist notwendig, jeden einzelnen Betrieb danach zu bewerten, um unseren Tieren, die uns anvertraut sind, gerecht zu werden.

Lehre, Eintritt in die Marktwirtschaft

Meine Sturm- und Drangzeit begann im Sommer am Timmendorfer Strand. Ich war Pennäler des christlichen Bugenhagen Internates und bewarb mich erfolgreich um das Amt des Glockenläuters der kleinen Glocke über dem Schulhaus, welche jeden Abend zur Andacht betätigt werden musste. Es waren weniger christliche Motive, die mich dazu bewogen haben, sondern die Mädchen, die ich vom Dachfenster des Glockenstuhls ungestört sittsam zur Andacht gehend beobachten konnte. Sie kamen vom Mädchenblock des Internats unmittelbar unter meinem Dachfenster an mir vorbei und waren animierend anzusehen. Meine Noten waren so unterdurchschnittlich, dass mein verständnisvoller Vater entschied, der Bub solle besser erst einmal eine landwirtschaftliche Lehre machen. Dann schauen wir weiter. Mein Nachfolger, den ich einarbeiten musste, war mein Vetter Horst, der das gleiche Vergnügen an dieser Position verspürte. Da wir beide auch während der Andacht auf dem Glockenboden blieben, um auch nach dem Schlussgebet nochmals die netten Mädchen auf ihrem Heimweg mit Geläut zu begleiten, stellte unser Heimleiter Horst und mich zur Rede: Was wir beide dort oben, wo auch Matratzen aufbewahrt wurden, wohl so treiben würden? Dieser Verdacht irritierte uns beide sehr. Nach diesem Abschied vom Timmendorfer Strand trat ich mein erstes landwirtschaftliches Lehrjahr an. Warum erzähle ich das? Meine Passion für das Weibliche, möglichst mit längeren Haaren, entstand in der Zeit am Ostseestrand. Ich habe sie in meinen Beruf mitgenommen und jenen Haustieren gewidmet, die diesem Ideal am nächsten kommen. Dazu zählen Rinder, Zweinutzungstypen mehr als reine Milchkuh-Typen, Rhodeländer Hühner, dicke Karpfen und Shetland Ponys sowie Belgier. Diese beiden Pferderassen sind rund. Sie haben schöne Haare.

Gustav Wulf in Holstendorf, ein grober, selbstbewusster Bauer, war mein erster Lehrherr. Er liebte es, sich mit flotten Sprüchen auf Kosten anderer zu vergnügen. So zeigte er auf den Hof eines Nachbarn und vertraute mir an, „der Bauer ist so arm, dass seine Mäuse mit verweinten Augen auf dem Speicher herum laufen". An einem sonnigen Tag im August lehnte er in der Tür zum Pferdestall, sah mich etwas mittagsmüde vom Schweinestall über den Hof laufen und rief mir zu: „Heiner, wo kein Schnee liegt langsam antraben". Von ihm habe ich gelernt, wie sich ostholsteiner Großbauern sehen. Sie sind sich selbst genug. Sie haben Besitz und Ansehen. Sie sind die beste Partie, die sich ländliche Mütter für ihre Töchter vorstellen können. Heute ist ihr Stand in die Defensive gekommen. Durch die TV-Sendung „Bauer sucht Frau" wird er schon mitleidig ins Lächerliche geschoben. Der Stand der Naturschützer hat sie überholt.

Wir waren vier Lehrlinge, davon zwei weibliche Lehrlinge, der blonde Heinzi und ich. Uns beiden Jungs wurde ein Ehebett mit riesigen Daunenplumeaus zugewiesen und in dem eiskalten Schlafzimmer befand sich auch ein mickeriges Waschbecken mit kaltem Wasser, auch im Winter. Duschen oder Baden konnten wir, wenn uns alle acht Wochen „Heimaturlaub" gewährt wurde, zu Hause. Mit dem Rad war ich in einer halben Stunde zuhause. Neben Kost und Logis bekamen wir monatlich 40 DM ausbezahlt. Ich wusste anfangs gar nicht wohin mit dem vielen Geld. Ich war für den Schweinestall zuständig, Heinzi für das Füttern der Pferde und Misten der Kühe. Wir mussten um fünf Uhr morgens aufstehen, was am Anfang meiner Lehrzeit für mich schwierig war. Heinzi hatte seinen Wecker im Zimmer versteckt, um durch Suchen wach zu werden und mich mit viel Gebrüll zum Aufstehen zu bewegen. „Heiner, aufstehen!" klingt mir heute noch im Kopf. Der gewissenhafte Heinzi war auch solidarisch und hat mit viel Aufwand dafür gesorgt, dass ich nie zu spät im Schweinestall und anschließend beim Frühstück zu sechst saß, der Bauer, seine Frau, die beiden Weiblichen (so hieß das damals), Heinzi und ich. „Wer schnell essen kann, kann auch schnell arbeiten" war ein weiterer der Sprüche, mit denen unser Lehrherr versuchte, uns zu mehr Leistung anzutörnen.

Mit schicken neuen Lederstiefeln und neuen Lehrlingsklamotten trat ich meinen ersten Arbeitstag in Holstendorf an. Es war Anfang Mai, ein sonniger Tag, der Landarbeiter, Herr Bohnsack, und ich sollten Sommergerste einsäen. Nachdem die beiden Schleswiger vor die Sämaschine gespannt waren, ging es hinaus auf den vorbereiteten Acker. Bohnsack ging mit Leine, ohne Peitsche neben der Maschine her und ich mit einem Stock dahinter, um die Säschächte klutenfrei zu halten. Der Boden war noch nicht ganz trocken. Da konnte Erde den Saatgutkanal der Maschine verstopfen und so bewirken, dass eine ganze Reihe Sommergerste nicht auflief, weil kein Korn eingesät war. So ging es den ganzen Tag den Schlag auf und ab. Zwanzig Minuten Kaffeepause und 20 Minuten Nachmittagskaffeepause dienten dem

Ausruhen. Schon nach der vierten Runde an meinem ersten Arbeitstag taten mir die neuen Stiefel weh. In der sechsten Runde konnte ich es schon nicht mehr aushalten. Bohnsack, wortkarg, aber dem neuen Lehrling gegenüber fürsorglich, zeigte mir, wie ich mich mit dem Stock in die Sämaschine einhaken und mitziehen lassen konnte. Die ersten acht Stunden auf dem Feld nur mitlaufen haben mich fix und fertig gemacht. Ich war den beiden Schleswigern, für die der Job völlig normal und eher leicht war, sehr dankbar dafür, dass sie mich mitgezogen hatten. Pferde können Dich retten, wenn Du einmal überhaupt nicht mehr kannst.

In meinem zweiten Lehrjahr kam ich nach Heuerstubben und mein Vater wurde mein Lehrherr. Das Leben auf dem Hof war damals noch stressfrei, aber mit viel Arbeit verbunden. Die Deputatarbeiter, die vor und nach ihrem Achtstundentag auf dem Hof ihre kleinen Hofstellen versorgen mussten, haben im Sommer sicher 12-16 Stunden am Tag und im Winter mindestens 10-12 Stunden gearbeitet. Es war schon immer so. Experimente waren unerwünscht. Mit viel Ruhe und großer Gewissenhaftigkeit hat auf dem Hof jeder seine Arbeit gemacht. Der Tag war lang. Unruhe kam nur auf, wenn eine Kuh nicht kalben konnte, weil das Kalb verquer lag und der Tierarzt kommen musste. Oder wenn der Regen uns zum dritten Mal verwehrte, zum Garbeneinfahren oder später zum Mähdreschen aufs Feld zu fahren. Die Not der Nachkriegszeit und die vielen Flüchtlinge, die auch versorgt werden mussten, hatten dem Hof nochmals druckvoll bestätigt, dass der Zyklus der Jahreszeiten mit Saat, Pflege und Ernte sowie Konservierung des Gewonnenen, zum Überleben eingehalten werden musste. Auch Heuerstubben scheute als Selbstversorger Risiken und hoffte darauf, dass die Fruchtbarkeit auch in diesem Jahr mit Gottes Segen ausgestattet sei. Etwa 80-90% dessen, was man brauchte, wurde selbst erzeugt. Etwas zum Anziehen, was die Frauen nicht selbst gesponnen, gestrickt oder gewebt haben, wurde gekauft, oder Kurzwaren, Salz und Gewürze. Der Müller, der Schmied, der Schreiner wurden in Heuerstubben nach dem Krieg nicht gebraucht. Es gab die eigene Mühle, die Schmiede und die Stellmacherei. Die eigene Milchverarbeitung war vor dem Kriege aufgegeben worden, weil ein Holländer in Gnissau eine Molkerei gegründet hatte und gute Preise versprach.

Die Landwirtschaft in Heuerstubben war bis in die fünfziger Jahre hinein eher ein statisches Gewerbe. Mit der Öffnung für die Agrarmärkte, die im ICE-Tempo auch noch global wurden, wandelte sich auch in

Heuerstubben die Landwirtschaft zu einem dynamischen Gewerbe mit vernichtenden Folgen für die Tierwelt und den ganzen Hof. Mein Vater, Hans Werner, hat sich da voll einbinden lassen nach 15 Jahren Krieg und Gefangenschaft.

Innovation war früher in Heuerstubben noch ein Fremdwort. Sie setzte erst 1954 ein, als mein Vater aus Russland zurückkam und die Regie übernahm. Hatten seine Vorgänger, die Verwalter, gescheut zu investieren und die mit Macht auf die Landwirtschaft zukommende Modernität für den Fortschritt zu nutzen? „Geld und Angst haben wir nicht!", mit diesen Worten bekannten sich die Bauern Ostholsteins stolz zu ihrem Gewerbe. Das galt auch für die Menschen in Heuerstubben. Natürlich war auf einem so großen Betrieb wie Heuerstubben schon vor dem Krieg neue Technologie angeschafft und eingesetzt worden. Im Kuhstall gab es die Melkmaschine von Alfa Laval. Damals wurde die Milch noch in den Eimer gesaugt, noch nicht in den Tank der Milchkammer. Sie wurde durch einen Papierfilter in die 40 Liter fassenden Milchkannen geschüttet und von mir mit dem Wagen in die Molkerei gefahren. Die gekühlte Milch vom Vorabend und die Milch der Deputatarbeiter war auch dabei. Der Lanz Bulldog mit seinen damals eindrucksvollen 45 PS erleichterte den Pferden schon seit 1935 das Leben, konnte sie aber noch nicht ersetzen. Der Mähbinder ersetzte in den fünfziger Jahren das Schneiden und Binden des Getreides von Hand. „Wachse oder Weiche" war einer der einprägsamen Sprüche, mit denen die Landwirte sich Mut machten und dazu von den Politikern mobilisiert wurden. Die vollständige Mechanisierung der Landwirtschaft setzte in Heuerstubben in den sechziger Jahren mit dem Kauf des ersten selbstfahrenden Mähdreschers und zwei Schleppern ein. Ihr Kauf war gekoppelt mit einer für Heuerstubben ungewohnten Marktorientierung. Es galt plötzlich nicht mehr für sich selbst, sondern für den Markt Landwirtschaft zu betreiben. Das war der Wandel von der Nachkriegs-Selbstversorgerwirtschaft zur „Cash-Crop-Wirtschaft" in Heuerstubben. Klar, um Maschinen, Dünger, Pflanzenschutzmittel oder Saatgut zu finanzieren, musste verkauft werden. Die Rationalisierungsvorteile der neuen Agrartechniken waren so groß, dass kaum ein Bauer auf sie verzichten konnte. Leute mussten entlassen werden, weil sie nicht mehr gebraucht wurden und die Gehälter stiegen. Die Holsteiner Höfe standen voll mit rostendem Altgerät, welches nicht mehr gebraucht wurde. Die innovative Agrartechnik erzwang alle paar Jahre den Kauf neuer Maschinen.

Wir waren Mitglied in der Absatz- und Bezugsgenossenschaft Garbek geworden. Geschäftsführer Hartmann kam etwa alle sechs Wochen vorbei und klönte mit meinem Vater auf der Terrasse, ich stets als Zuhörer mit dabei. So kam das Kraftfutter für die Kühe von der großen Importmühle, „Hamburger Leistungsfutter", auf den Hof. Angereichert mit Soja, Maniok aus Lateinamerika und Vitaminen von DSM, damals noch La Roche, führte es bei unseren Kühen zu nie geahnten Milchleistungen. Über die Genossenschaft nach Heuerstubben geliefert begann der Einsatz von Kunstdünger und Pestiziden. Im Getreide erwirtschaftete man höhere Erträge und Unkraut zu hacken, brauchte man nun auch nicht mehr. Später, als das Stroh vom Acker nicht mehr in den Ställen gebraucht wurde, kam Cycocel von BASF auf den Markt, der Halmverkürzer für Getreide, der auch noch den Vorteil bot, dass das Getreide schneller reifte. Neue, hoch ertragreiche Hybridgetreidesorten führten dazu, dass kein eigenes Saatgut von der letzten Ernte mehr aufbewahrt wurde. So entstand im Laufe der sechziger und siebziger Jahre eine Abhängigkeit von den Agrarmärkten und der technischen Entwicklung, mit welcher der Hof seine Selbständigkeit verlor. Der Kampf ums Überleben der Bauernhöfe hatte begonnen. Die Zahl der landwirtschaftlichen Betriebe hat sich seitdem mehr als halbiert, gekoppelt mit einem drastischen Rückgang an der Vielfalt der Pflanzen- und Tierwelt. Um die Innovationen zu finanzieren, verkaufte mein Vater mehr als die Hälfte seines Hofes. Die Gesamtfläche sank von 167 auf 82 Hektar. Die Zahl der Beschäftigten sank in den sechziger Jahren auf weniger als ein Drittel der Leute, die nach dem Krieg in Heuerstubben lebten und arbeiteten. Auch ich habe mich 1968 von Heuerstubben und der Landwirtschaft verabschiedet und habe Volkswirtschaft studiert.

Kollateralschäden unserer Marktwirtschaft

Der österreichische Nationalökonom Joseph Schumpeter (1883-1950) war einer der führenden Wirtschaftswissenschaftler seiner Zeit. Sein Buch, „Theorie der wirtschaftlichen Entwicklung"[22], in welcher er den Typ des Pilotunternehmers beschrieb, war eine Sensation und öffnete den Menschen das Bewusstsein für die atemberaubende Dynamik des Kapitalismus. Schumpeter prägte den Begriff von der „schöpferischen Zerstörung durch Innovationen". Er war auch einer der ersten Wissenschaftler, der vor der Konzentration der Wirtschaft auf immer weniger, finanzstarke Konzerne warnte. Sie kaufen heute auf globaler Ebene kleine Pionierunternehmen auf und integrieren deren Innovationen in ihre internationalen Vermarktungsstrategien. So schluckt der Kommerz die kleinen Kreativen, die mit großer Passion etwas Schönes entwickelt haben und ordnet es unerbittlich seinen strategischen Zielen unter. Das passiert, ohne dass wir dies rechtzeitig als Skandal empfinden. Sicher ist der Sektor der Landwirtschaft ein Paradebeispiel für die Theorien Schumpeters. In Deutschland gibt es zwar kaum Agrarkonzerne mit vielen Hektar Land in der Eigenbewirtschaftung, beliefernder oder abnehmender Handel und Industrie sind aber inzwischen so konzentriert, dass der Landwirt auf sie angewiesen ist. Monsanto, Bayer, BASF oder Lohmann, ein Geflügelzüchter mit mehr als 5.000 Mitarbeitern oder der Molkerist und Milliardär Müller sind Namen, welche die Entwicklung der Landwirtschaft in Deutschland prägten und immer noch prägen. Die wirtschaftliche Dynamik hat immer nur die Wirtschaft und nicht die Kollateralschäden im Auge, welche sie mit dem Schwinden von Fauna und Flora und dem unserer ländlichen Kulturen verursachen.

Spätestens seit der Wende vor mehr als 25 Jahren wissen wir, dass Karl Marx nicht recht hatte. Der Sozialismus wurde abgeschafft und die Marktwirtschaft hat gewonnen. Milton Friedman, der amerikanische Klassiker des Liberalismus hat 1976 mit seiner Lehre, *Free to Chose*[23], den Wirtschaftsnobelpreis gewonnen. Überzeugender als alle anderen Ökonomen hat Freeman dargelegt, dass die Marktwirtschaft durch immer neue, innovative Prozesse alle wirtschaftlichen und gesellschaftlichen Probleme, die uns umtreiben, lösen kann. „Laissez faire, laissez passer, le monde va de lui-même" ist der Kernspruch der Marktwirtschaftler mit dem Versprechen auf Wohlstand.

John Maynard Keynes, ein zweiter großer Volkswirt der damaligen Zeit, hielt dagegen und forderte das korrigierende, investive Eingreifen des Staates, um Fehlentwicklungen zu vermeiden. Friedman hielt dagegen und behauptete, „in the long run" würden von der Marktwirtschaft auch die Defizite erkannt und durch kommerzielle Prozesse korrigiert. Keynes antwortete ihm, „in the long run we are all dead". Staatliche Eingriffe wie Regularien, Subventionen oder Restriktionen verfälschen nach Friedman den Prozess des wirtschaftlichen Wachstums und Wohlstandes. Dieweil wird die Kluft zwischen Arm und Reich immer größer wie auch die Sozialetats der öffentlichen Hand steigen, ohne dass man dabei kompensierende Wirkungen feststellen kann. Dieweil schädigen wir die Umwelt und beschleunigen den Klimawandel. Die Kompensationen hierzu finanzieren der Staat bzw. wir als Steuerzahler. Im großen Ganzen hat Keynes die große Debatte um eine ausgleichende Wirtschaftspolitik, deren Ziele von der Gesellschaft und ihrer Politik bestimmt werden, verloren. Eine zukunftsweisende Antwort auf Friedman steht noch aus.

Nicht nur auf den Höfen, auch bei den Firmen, welche der Landwirtschaft zulieferten und jenen, welche die Agrarprodukte kauften, hat sich ein durch das Kapital getriebener Konzentrationsprozess durchgesetzt. Die Heinrich-Böll-Stiftung und andere Globalisierungskritiker haben im Januar 2017 den „Konzernatlas 2017 - Daten und Fakten über die Lebensmittelindustrie" vorgelegt. Die beiden Konzerne für die Herstellung von Landwirtschaftsmaschinen, John Deere (sie haben Lanz in Mannheim aufgekauft) und Claas, bekannt durch seine Mähdrescher, zählen weltweit zu den sechs Größten der Branche. Sie sind auch in Deutschland die Größten am Markt. Stickstoff, Phosphor und Kali werden als synthetische Dünger von allen konventionell wirtschaftenden Landwirten eingesetzt. Sie steigern die Ernteerträge, aber nicht die Qualität der Böden. In den Branchen für Kunstdünger, Pestizide und Saatgut wird es 2017 zu großen Fusionen kommen: Die beiden US-Konzerne DuPont und Dow Chemical wollen fusionieren, Chem China will Syngenta aus der Schweiz kaufen, und der deutsche Bayer-Konzern bereitet die Übernahme von Monsanto in den USA vor. Drei Konzerne werden weltweit mehr als 60% der Saatgutmärkte und den für Agrar-Chemikalien beherrschen, wenn die Fusionen genehmigt werden. Diese Konzerne betreiben gleichzeitig mit Millionenaufwand Forschung in der

Pflanzengenetik, um die Feldfrüchte und ihre Pestizide so aufeinander abzustimmen, dass künftig nur das Saatgut von den Bauern eingesetzt wird, das zu den jeweiligen Pestiziden passt. Die enorme Konzentration findet auch auf den Absatzmärkten der Bauern statt. Weltweit konzentrieren sich der Einkauf der geernteten Früchte, deren Weiterverarbeitung und die Lieferung an den Einzelhandel für Lebensmittel auf nur 50 Unternehmen. In Deutschland haben, was den Einzelhandel betrifft, der Reihenfolge ihrer Bedeutung nach nur fünf Konzerne das Sagen, ihnen gehören 75% aller Filialen: EDEKA, REWE, ALDI, LIDL, METRO. Ihre Einkäufer haben den Auftrag, jedes Jahr die Einkaufspreise für Nahrungsmittel bei ihren Lieferanten zu drücken. Die Autoren des Konzernatlasses plädieren daher mit Recht für den ökologischen Landbau und Direktvermarktung.

Die Zweifel am Kapitalismus haben in den letzten Jahren wieder erheblich an Gewicht gewonnen. Gesellschaft, Wissenschaftler und die Politik suchen nach Alternativen. Der französische Philosoph André Comte-Sponville stellt fest, der Kapitalismus selbst kann nicht ethisch handeln[24]. Dies können nur die Person und die Gesellschaft, die Verantwortung für ihr Tun tragen. So bleibt letztlich die Politik, die durch ihre Gesetze und die öffentliche Finanzierung umsetzt, was wir gesellschaftlich für richtig halten. Gelten Comte-Sponvilles Thesen auch für die Kommerzialisierung der Landwirtschaft? Michael J. Sandel hat sich über die moralischen Grenzen des Marktes ausgelassen. Sein Buch „Was man für Geld nicht kaufen kann“[25] wurde ein Bestseller. Er stellt fest, dass wir alle uns nicht nur wie der Homo oeconomicus nach dem Preis und der Begehrlichkeit einer Ware orientieren, sondern dass der Marktmechanismus und die Marktlogik in vielen Situationen nicht funktionieren und spricht vom „Verdrängungseffekt". Ob wir Blut oder für die Entwicklungshilfe spenden oder ob wir für eine Dienstleistung, die wir anderen erbringen keine Mondpreise verlangen, auch wenn wir dies könnten: Es gibt zahlreiche Situationen im Leben, in denen wir uns besser fühlen, wenn wir unseren Vorteil kommerziell nicht maximieren. Dieser Effekt kann uns als Kunde einer besseren Landwirtschaft auch weiterhelfen, um nicht nur auf das Geld zu schauen. Wir sind heute Millionen, denen es nicht nur um Fleisch, Eier und Milch geht, sondern um die Schweine, Hühner und Rinder. Unsere Gesellschaft, allen voran ihre engagierten Nichtregierungsorganisationen (NRO), hat inzwischen erkannt, dass Haustiere Wesen sind, die wie wir mit allen Sinnen ausgestattet sind, fühlen und denken können und eine Seele haben. Wir beginnen ihre

Bedürfnisse, die näher erforscht werden müssen, zu berücksichtigen und ihnen jene Freiheiten einzuräumen, die für eine artgerechte Tierhaltung notwendig sind. Wenn wir unseren Haustieren gegenüber Respekt, vielleicht sogar Dankbarkeit zeigen können, sollten wir uns im Sinne von Sandel ihnen gegenüber ethisch verhalten und sie nicht kommerziell ausbeuten. Haustiere können nicht als ebenbürtige Wirtschaftspartner betrachtet werden, die man auch einmal übers Ohr hauen kann, um einen kleinen Profit daraus zu schlagen. Sie brauchen unsere Empathie.

Wenn wir weiter unsere Höfe den internationalen Märkten überlassen und Einkauf, Absatz sowie Finanzierung der Einnahmen an die freien oder manipulierten Agrarpreise koppeln, wird es unmöglich, Mensch und Haustier wieder zusammen zu bringen. So müssen kreative Alternativen für die Bewirtschaftung von Höfen gefunden werden, die sich von dem kapitalistischen Sog befreien. Zeigen wir uns und der Gesellschaft, dass wir unseren Haustieren ein Leben in bestmöglicher Freiheit und mit Respekt vor ihnen bieten können.

Verhängnisvolle Agrarpolitik

Aus meiner ganz persönlichen Heuerstubbener Froschperspektive hat die europäische Agrarpolitik seit den fünfziger Jahre unserer Natur und mit ihr unseren Haustieren den entscheidenden Anstoß für ihren Niedergang gegeben. Der „Grüne Plan" sollte die Nachkriegs-Agrarwirtschaft in Schwung bringen und nach Mangel und Hunger die Ernährung der deutschen Bevölkerung sichern. Die Ernährungssicherung aus eigener Produktion wird auch noch heute in den Agrarberichten der Bundesregierung als offizielles Agrarziel genannt: „Mit einer klaren Marktorientierung halten wir eine wettbewerbsfähige und nachhaltige Produktion in Deutschland und sichern sie für die Zukunft"[26], schreibt unser Minister für Landwirtschaft und Ernährung im Agrarbericht 2015. Diese Politik setzt fort, was die Agrarpolitik der Nachkriegsjahre mit ihren extremen Zielen der Leistungssteigerung je Produktionseinheit gebracht hat: Maximaler Milch- oder Eierertrag, maximaler Fleischzuwachs bei Schweinen mit einer Futterverwertung von weniger als 3:1 und maximaler Hektarertrag durch Einsatz von Dünger und Pestiziden bei minimalem Arbeitseinsatz. Darüber hinaus glaubt die deutsche Landwirtschaft immer noch, sie könne durch den Export von Überschüssen die Welternährung sichern[27]. Jeder vierte Euro wird heute im Export verdient. Schon seit mehr als 20 Jahren gilt es als gesichert, dass die Ernährung der Bevölkerung in den Entwicklungsländern durchweg mit Eigenproduktion gesichert werden muss und nicht durch die Lieferung subventionierter Nahrungsmittel aus Europa. Diese vernichten in Afrika bäuerliche Arbeitsplätze ohne dafür auf dem Lande oder in den Städten für Alternativen zu sorgen. Eine Politik, die mit Milliarden Subventionen auf eine autarke nationale Ernährung pocht und dieses Ziel den Entwicklungsländern verwehrt, ist unglaubwürdig. Dies merken Regierungen und Menschen in den armen Ländern und haben begonnen, uns für diesen globalen Widerspruch zu bestrafen. Die Flüchtlingsströme aus Afrika sind auch Folge dieses groben Unsinns der Politik, der durch die deutsche Agrarlobby befeuert wird.

Als agrarökonomischer Gutachter kann ich allein aus eigenen Erfahrungen in Westafrika von den teuflischen Wirkungen der internationalen Entwicklungshilfe berichten. Wir hatten die Aufgabe, in Mali drei große Nahrungsmittellager, welche durch deutsche Hilfe in

Bamako, Mopti und Timbuktu mit jeweils 2.000 Tonnen Kapazität erstellt wurden, zu evaluieren. Ziel der Maßnahme war es, die Bevölkerung des Landes vor Hungersnöten nach Ernteausfällen der Dürre wegen, zu bewahren. Das Getreide dafür wurde nicht etwa von westafrikanischen Bauern aufgekauft, sondern kam ausnahmslos aus den Überschüssen des europäischen Agrarmarktes. Die Amerikaner hatten ein ähnliches, hoch subventioniertes Absatzprogramm für Entwicklungsländer, um ihre Überschüsse los zu werden. Die Behörden in Mali waren nicht fähig, die Lager eigenständig zu verwalten, geschweige denn ein Managementkonzept zu entwickeln, mit dem der Ernährungsnotstand ausgerufen und eine Verteilung organisiert werden könnte. Die Nahrungsmittellager sind verschwunden. Ihre Vorräte sind wohl durch dunkle Kanäle zugunsten der Entscheidungsträger in den Behörden verkauft worden.

Ebenfalls für die Sahelzone Westafrikas hatte die deutsche Entwicklungshilfe ein vielversprechendes Vermarktungskonzept für die wachsenden, Millionen starken Rinderherden der dort lebenden Hirtenvölker gefunden. Die Rinder mit ihren eindrucksvollen Hörnern sind dort mehr Statussymbole für die Clanchefs, die auch wenn sie in die Städte gezogen sind und dort Geld verdienen, dieses in ihrem Heimatdorf in Rindern anlegen. Die internationale Entwicklungshilfe hat der Vergrößerung der Rinderherden noch dadurch Vorschub geleistet, dass sie in der Sahelzone Brunnen gebohrt hat an Orten, die wegen Wassermangel von den Rindern bis dahin gar nicht begrast werden konnten. Durch die daraus folgende Überweidung dringt die Sahara jedes Jahr um circa 15 Kilometer weiter in die zerstörte Sahelzone vor. Durch ein Projekt der deutschen Hilfe wurde jetzt die Vermarktung der Rinder attraktiv gemacht: Die Rinder wurden im Norden der Elfenbeinküste am Rande einer großen Zuckerrohrplantage durch das Ferkessédougou-Projekt aufgekauft, vier Monate lang mit der Melasse, einem Nebenprodukt der dortigen Zuckerfabrik, aufgemästet, um dann auf dem Großmarkt in Abidjan verkauft zu werden. 25.000.000 DM hatte die deutsche Entwicklungshilfe in das Projekt investiert. Die Kapazität der Maststation war auf 4.000 Rinder ausgelegt. Dann kamen europäische Exporthändler für Rindfleisch nach Abidjan und boten der Regierung der Elfenbeinküste das subventionierte Rindfleisch aus der EU fast zur Hälfte des Preises an, zu dem Ferkessédougou liefern konnte. Das strategisch sehr sinnvolle Projekt musste geschlossen werden.

Die Maßnahmen, die in Westdeutschland nach 1957, dem Jahr der Gründung der Europäischen Wirtschaftsgemeinschaft (EWG), von Brüssel aus und von Bund und Ländern unterstützt wurden, waren höchst effizient. Bundesweit wurden nach Verabschiedung des Flurbereinigungsgesetzes (FlurbG) im Bonner Parlament 1953 umfangreiche Sanierungen und Reformen der landwirtschaftlichen Höfe durchgeführt. Es wurden Äcker und Wiesen vergrößert und Höfe zusammengelegt. Wer heute auf dem Lande spazieren geht, findet kaum noch mäandernde Bäche oder breite Feldraine und natürliche Wege zwischen Feld, Wald und Wiesen. Alles ist asphaltiert, begradigt oder verrohrt. Das gilt auch für die Heuerstubbener Feldwege. Der Hof hatte eine eigene Kieskuhle auf dem Weg nach Gnissau. Von dort wurde im Frühjahr eine Woche lang Kies mit Pferd und Wagen auf die etwa fünf Kilometer langen Wege des Hofes gefahren, um die Schäden des letzten Jahres auszubessern. Früher war es noch Patronatsaufgabe der Höfe, auf ihrer Flur für anständige Wege für jedermann zu sorgen. Der Verlust der Kieswege bedeutete für die Heuerstubbener Spatzen einen erheblichen Einbruch in ihr liebgewonnenes Vergnügen. In heißen Sommern konnten sie in den kleinen Mulden, die sich sonst im Sand der Wege bildeten, jetzt nicht mehr sandbaden. Nach Regen konnten die Vögel nicht mehr in den Pfützen baden. Die Vogeltränken in unseren Hausgärten stellen für diesen Verlust nur einen schwachen Ersatz dar. Die Ornithologen bescheinigen mir, dies sind keine Petitessen.

Die subventionierten Maßnahmen der Flurbereinigung, zu denen neben viel Geld personalstarke Behörden eingesetzt worden waren, wurden durch den dynamischen technischen Fortschritt massiv unterstützt. Die Entwicklung der Agrartechnik führte in Heuerstubben zum Einsatz von Schleppern auf Kosten der Pferde, zu Mähdreschern, die das Mähen mit Sense oder Bindemäher überflüssig machten, zu Spaltenböden in den Ställen, um Stroh überflüssig zu machen und zu Silage, wo früher mit Heu und Rüben vom Hof gefüttert wurde. Zu diesem Prozess der schöpferischen Zerstörung des Alten kam bei uns die Faszination des Neuen. Wir hätten altbacken ausgesehen, wenn wir beim Alten geblieben wären. Wer heute in Holstein die gewaltigen Mähdrescher mit einer Schnittbreite von mehr als sechs Metern oder die Ungetüme von Schleppern mit 250 PS und mehr durch die Landschaft fahren sieht, erkennt: Da ist nichts mehr wie früher.

Die Regel, die jeder landwirtschaftliche Berufsschüler in Holstein lernt, heißt für die Fruchtfolge: Im ersten Jahr Halmfrucht (bei uns Weizen), im zweiten Jahr Halmfrucht (bei uns Gerste), aber im dritten Jahr Hackfrucht (bei uns Raps und Runkelrüben, selten Ackerbohnen). Die Hackfrüchte mussten mindestens einmal im Jahr gehackt werden, mit Maschinen, die auf einmal sechs Furchen hacken konnten. Sie wurden zunächst von Pferden, danach von kleinen Schleppern gezogen. Hinten drauf sitzend konntest Du die Hacktiefe aber auch die Hackrichtung bestimmen, damit die Hackmesser nicht Deine Saaten zerstörte. Solange die Hackfrüchte in Heuerstubben noch gehackt wurden, gab es immer zwei, drei Ketten Rebhühner, deren rak, rak aus den Feldern der Abendstimmung eine unverwechselbare Atmosphäre gaben. Auch gab es in Heuerstubben zu der Zeit immer sechs bis acht Fasanenpärchen, die mit großer Würde mit ihren bunten, langen Federn durch die Halme schritten. Nachdem die Hackfrüchte in Heuerstubben nicht mehr gehackt, sondern mit Herbiziden und Insektiziden behandelt wurden, sind Rebhühner und Fasane verschwunden. Selbstverständlich hat die Agrarchemie auch die Lerchen nahezu ausgerottet. Diese kleinen Vögel können wie ein Hubschrauber senkrecht mitten aus einem Weizenfeld aufsteigen und dabei nicht nur ihre brütenden Weibchen, sondern auch den Spazierenden betörend besingen. Für jeden, der es erlebt hat, gehören Lerchen unverzichtbar zu einem Frühlingsspaziergang. Auch die Hasen hat es erwischt: Die ölhaltigen Rapskörner enthielten früher Bitterstoffe, welche ihre Verwendung in der Küche stark einschränkte. Auch die Hasen verschmähten die jungen Pflanzen. Raps konnte dennoch von uns angebaut und verkauft werden, weil die Margarineindustrie verpflichtet wurde, mindestens 1% ihrer Öle durch beigemischten Raps zu produzieren. Rapszüchtungen haben zu der bitterstofffreien Null-Nullsorte geführt, die bei uns schnell die alten Sorten ersetzte. In diesen Jahren ihrer Einführung haben auch unsere Hasen gemerkt, dass die Rapsblätter, die schon im September und über das ganze Jahr bis in den April hinein grün sind, nicht mehr bitter sind. Viele Hasen sind damals durch Überfressen zugrunde gegangen. Heute ist der Feldhase mit seinen langen Ohren auf unseren Feldern selten geworden.

Inzwischen haben die Agrarbehörden erkannt, dass unsere Agrarlandschaften durch die reduzierte Vielfalt erheblich an Attraktivität verloren haben. Die mit vielen Steuergeldern begradigten oder verrohrten Gräben werden heute wieder „renaturiert", um den vertriebenen Pflanzen und der Tierwelt neue Lebensräume zu schaffen. Die landschaftsprägenden Knicks in Holstein, die man gerodet hatte, um Raum für die großen Maschinen zu schaffen, werden heute durch „Ausgleichsflächen" ersetzt. Es werden Feuchtbiotope angelegt und den Vereinen wie BUND oder NABU zur Betreuung anvertraut und damit den Landwirten entzogen. So haben wir heute auf dem Lande zwei Welten, auf der einen Seite die marktorientierten Landwirte, die dem Handel zuarbeiten und auf der anderen Seite die Naturschützer, die sich um „Unkraut" und „nutzlose" Tiere kümmern. Unsere Haustiere dazwischen bleiben auf der Strecke. Zugegeben, Pferd, Rind, Schwein und Huhn sind nicht grundsätzlich ausgestorben. Sie haben aber den Schwarzen Peter gezogen. Durch die Hybridzüchtung, hochtechnisierte Ställe und Automatisierung hat man die Hühner, Schweine und Milchkühe industriefähig gemacht. Die Pferde haben die Rolle des Freizeitpartners für Privilegierte übernommen. Es ist Stückwerk was die Subventionswirtschaft heute den Landwirten bietet. So können sie beim Drillen ihres Getreides in der Mitte der Felder Ausschnitte frei lassen und bekommen Geld dafür, damit sich Wildkräuter, die dann keine Unkräuter mehr genannt werden, ausbreiten können. Dort, so hoffen die Behörden, siedeln sich Insekten und Lerchen wieder an. Das funktioniert jedoch nicht recht.

Die deutsche Landwirtschaft hat sich weitgehend von der Natur abgehängt. Andrea Wulf schreibt über Alexander von Humboldt: „Seiner Ansicht nach konnte man Wissen nicht allein aus Büchern beziehen. Um die Welt zu verstehen, musste ein Wissenschaftler in der Natur sein – sie fühlen und erleben"[28]. Ich bin kein Wissenschaftler, habe aber meine Haustiere in Heuerstubben mit allen Sinnen gefühlt und erlebt, als Kind und später als Landwirt. Das hat mich geprägt und mir früh klargemacht, dass wir heute mit unseren Haustieren liederlich, teilweise grausam umgehen. „Die Landwirtschaft dient allen" war während meiner Zeit in Heuerstubben ein schöner Slogan des Bauernverbandes. Heute dient sie der Natur und den Tieren nicht mehr und uns auch nicht.

Sehr privilegiert fühle ich mich mit meiner persönlichen Agrargeschichte. Ich durfte, unmittelbar nach dem Krieg, auf einem Hof aufwachsen, auf dem noch alle Haustiere in großer Zahl lebten. Es war ein reicher Kosmos für sich, der sich selbst versorgte und von den Städten oder der globalen Wirtschaft anfangs noch unabhängig war. Den rapiden Wandel habe ich mitgemacht und mir oft genug die Frage gestellt, ob das mit der Modernisierung alles gut so ist. Mit allen Sinnen die Vielfalt Deiner

Heimat, von der Du lebst, zu erleben, ist heute gar nicht mehr möglich. Alle Stimmen und Geräusche der Säugetiere und Vögel, es sind bei grober Schätzung fast an die Tausend, alle Düfte, ob im Pferde-, Kuh-, Schweine-, oder Hühnerstall zu erfahren und alles mit Deinem Tastsinn, ob Borste, Schweif, Euter oder Horn zu erspüren und für immer in Dich aufzunehmen, ist für unsere Kinder Utopie geworden. Vielleicht lässt sich dieses Erlebnis in anderer Weise, zumindest zum Teil, den Menschen wieder verfügbar machen. Vielleicht bin ich ein Veteran einer längst vergangenen landwirtschaftlichen Kultur, auf welche wir früher existenziell angewiesen waren. Wir haben uns von dieser Kultur so weit entfernt, dass auch die Technik getriebenen Bauern sie kaum mehr wahrnehmen können. Unsere Sehnsucht nach Natur hat komplementär dazu zugenommen, wie die Rückbesinnung auf Humboldt beweist. Wir befriedigen sie dadurch, dass wir in unserer Freizeit spazieren gehen, mit den Kindern in den Zoo gehen, oder dadurch, dass Ornithologen oder Kleintierzüchter zusammen mit ihren Kollegen im Verein ihren Passionen nachgehen. Ich denke, unsere Agrarpolitik mit ihren beeindruckenden Summen, die jährlich an Subventionen gezahlt werden, in Deutschland sind es 6,3 Mrd. EUR, böte uns enorme Möglichkeiten, den Haustieren und unserer Natur wieder näher zu kommen.

Am 30. November 2016 bekam ich von AVAAZ.org, einer internationalen Organisation, die sich im Netz mit viel Erfolg um globale Krisen kümmert und Politik und Gesellschaft zum Handeln auffordert, folgende Mail: „By 2020 two-thirds of wild animals will be gone. Life is being extinguished as fast as when the dinosaurs disappeared – and it´s happening because humanity is taking a chainsaw to the tree of life … Scientists say our best chance to save our ecosystems and 80-90% of all species is giving them enough safe space to thrive, then the nature uses its wisdom to regenerate". Auch Wildtiere brauchen also Freiheiten. Unsere Haustiere sind keine Wildtiere, aber auch sie gehören längst auf die Liste der Rückbesinnung des artgerechten Umganges mit ihnen. Die enorme Vielfalt der Rassen wie der Arten gibt es nicht mehr auf unseren Bauernhöfen. Sie wurden weggezüchtet bis auf die ertragreichsten Leistungsträger unter den Hühnern, Schweinen oder Kühen und weggesteckt in Betriebe, die mit ihnen Monokultur betreiben. Die Risiken und Nebenwirkungen hat man dabei ignoriert.

Im Norden Pakistans, im Kaghan-Tal an den Hängen des mächtigen K2, leben die Waldbauern in den Wäldern ihrer Clanchefs mit ihren Kühen,

Schafen und Ziegen. Im Rahmen eines Forstgutachtens konnte ich mit ihnen über ihre Wirtschaft reden und erzählte ihnen, dass die deutschen Bauern ihre Kühe mit Futter aus Argentinien füttern, welches mit dem Schiff nach Hamburg kommt und per LKW nach Heuerstubben gekarrt wird. Sie haben mich für verrückt erklärt. Auch in Ostholstein gab es eine Tierhaltung im Walde. Das Gelände zwischen Heuerstubben, Gnissau und Ahrensbök bestand aus Mischwald, vor allem Buchen und ein paar Eichen, in welche die Bauern der Umgebung ihr Vieh auf die Waldweide, die dem Amt Ahrensbök gehörte, schickten. Noch heute steht das denkmalgeschützte Wärterhaus, Heckkaten, am Dorfrand von Gnissau als Zeugnis dieser Wirtschaftsweise. Zugegeben, Pferd, Rind, Schwein und Huhn sind nicht grundsätzlich ausgestorben. Sie haben aber den Schwarzen Peter gezogen. Sie hat sich aber den neuen Wirtschaftsweisen der Menschen entsprechend angepasst. Erst jetzt, mit dem Einsetzen der Industrialisierung und Marktwirtschaft, nimmt die Vielfalt ab[29]. Auf die Haustiere geht Küster dabei nicht gesondert ein. „Die Kenntnis der Geschichte der Landschaft und jeder Versuch Zusammenhänge zu erhellen, die zum Entstehen eines Lebensraumes beigetragen haben, sind wichtig für den Erhalt der Lebensräume mit ihrem Pflanzen- und Tierarteninventar. Geschützt werden kann nur das, dessen Entstehung man kennt"[30]. Dies gilt auch für eine erfolgreiche Politik der Erhaltung der Diversität der Haustiere in Deutschland.

Im März 2017 kam der Film „Bauer Unser" von Robert Schabus in die Kinos. Er fasst den Wahnsinn der europäischen Agrarpolitik mit schönen Bildern, riesigen Maschinen und nur wenigen Kernaussagen treffend zusammen. In dem Film werden drei große österreichische Höfe mit monotoner Tierhaltung, der eine Milchkühe, der andere Mastschweine, der dritte Legehennen gezeigt, in welche Millionen investiert wurden, ohne dass die Bauern eine positive Perspektive für die Zukunft in ihrem Tun erkennen können. Kontrastierend dazu wird der EU-Agrarkommissar interviewt, der in schwelgenden Tönen von den Zukunftschancen modernisierter Höfe redet, die gentechnisch verseuchte Soja aus Lateinamerika verfüttern und mit ihren Exporten die Welternährung sichern. Jedes Jahr werden nicht nur die deutschen Landwirte mit hohen Summen subventioniert. Sie sind bis auf wenige Ausnahmen alle von den Zahlungen abhängig. Jedes Jahr geben hunderte von Bauern auf und wechseln den Beruf. Mit der Politik stimmt etwas nicht.

Der Widerstandskämpfer und Menschenrechtler Stéphane Hessel schreibt: „Die traditionelle Landwirtschaft hat einen nützlichen Beitrag geleistet, um dem in der Allgemeinen Erklärung der Menschenrechte enthaltenen Grundrecht auf Nahrung eine gewisse Geltung zu verschaffen. Dann aber entfaltete die mehrheitlich industrielle und exportorientierte Landwirtschaft, die in den letzten Jahren in den Entwicklungsländern überhandnahm, ihre zerstörerische Wirkung. Sie konnte die Unterernährung nicht wirksam verhindern. Außerdem begünstigt sie Agrarimporte aus Industrieländern, die den Handel der ortsansässigen Bauern durch Billigkonkurrenz ruinieren. Also muss man sie reformieren.“[31]

Was tut sich zur Verbesserung des Tierwohls?

In unserer Landwirtschaft sind in den kommenden Jahren etliche Verbesserungen zu einer artgerechten Tierhaltung zu erwarten. Unser Landwirtschaftsminister, der ja auch Minister für Ernährung und damit für alle Bürger verantwortlich ist, steht erheblich unter Druck. Daneben gibt es aber inzwischen auch eine ganze Reihe von privaten und kommerziellen Initiativen wie der ökologische Landbau und die Initiative Tierwohl des deutschen Einzelhandels. Darüber hinaus gibt es viele Landwirte, die ihre Haustiere lieben und ihnen ein freies Leben ermöglichen wollen. In diesem Kapitel können nur einige Beispiele genannt werden. Sie sind ein Anfang.

Strebt die Bundesregierung eine Änderung der Agrarpolitik an? Unter Ziel Nr. 8 im Agrarbericht des Bundesministeriums für Landwirtschaft, Ernährung und Forsten (BMEL) heißt es: „Die Bundesregierung strebt eine umwelt- und ressourcenschonende, dem Tierwohl verpflichtete Wirtschaftsweise an. Moderne Landwirtschaft nutzt die Produktionsgrundlagen nachhaltig, indem sie umweltfreundlich, ressourcenschonend und effizient wirtschaftet und die Haltungsbedingungen der Nutztiere nach deren Bedürfnissen gestaltet. Sie pflegt eine vielfältige und artenreiche Kulturlandschaft".

Zu den Maßnahmen und Regelungen gehören:
- Umweltregelungen, die von Betrieben unterschiedlicher Größe und Struktur zu leisten sind,
- Rahmenbedingungen, die eine effiziente Landnutzung und Produktion ermöglichen,
- eine auf Innovationen und Marktorientierung basierende Bioökonomie, die die Erzeugung qualitativ hochwertiger Nahrungsmittel und die Bereitstellung von Biomasse zur Energiegewinnung und als nachwachsende Rohstoffe umfasst,
- die Verbesserung der Haltungsbedingungen der in der Landwirtschaft gehaltenen Tiere im Lichte ethischer Aspekte und der Anforderungen der Verbraucherinnen und Verbraucher,
- die Unterstützung der landwirtschaftlichen Betriebe bei der Anpassung an neue Anforderungen und Herausforderungen durch

Forschung, Förderung, Information und durch angemessene Übergangsfristen"[32].

Diese Auswahl agrarpolitischer Ziele hört sich passabel an. Sie ordnet sich aber ohne Einschränkung dem Ziel unter, das Einkommen der Bauern in Deutschland zu sichern bzw. zu steigern und die Anzahl bäuerlicher Betriebe zu erhalten. Da sind sich BMEL und der Deutsche Bauernverband (DVB) einig. Seine Macht, Wählerstimmen zu beschaffen, ist für die Bundesregierung wichtig.

DBV Pressemeldung des Deutschen Bauernverbandes vom 13.12.2016: „Starke Einbußen und Einkommensrückgang im zweiten Jahr in Folge … Im Durchschnitt seien die Unternehmensergebnisse der landwirtschaftlichen Haupterwerbsbetriebe um 8 Prozent auf 39.700€ je Betrieb gesunken, nach einem Minus von 34% im Vorjahr. … Die EU-Direktzahlungen werden in solchen Preistälern zur überlebenswichtigen Maßnahme, weil sie unmittelbar einkommenswirksam sind. … Exporte von Schweinefleisch und Milchprodukten nach China zeigen eine starke Aufwärtsentwicklung". Der Bericht von Bauernpräsident Rukwied erwähnt aber auch, dass die EU-Fördermaßnahmen für den biologischen Landbau Wirkungen zeigen: „Im Durchschnitt erhielt ein Ökobetrieb 26.000€ zusätzliche Prämie zur Förderung des Ökolandbaus und für Agrarumweltmaßnahmen, konventionelle bewirtschaftete Betriebe lagen bei 3.300€". So wird die verkorkste deutsche Landwirtschaft mit Subventionen im Markt gehalten.

„Wege zu einer gesellschaftlich akzeptierten Nutztierhaltung:"[33] Dieses Gutachten des wissenschaftlichen Beirates des BMEL von 2015 ist in agrarpolitischen Fachkreisen anerkennend und betroffen aufgenommen worden. Die Professoren halten die aktuellen Ziele der deutschen Nutztierwirtschaft grundsätzlich für richtig, kommen aber zu dem Ergebnis, dass es erhebliche Defizite in der Beachtung von Tier- und Naturschutz gibt. Sie stellen fest, dass die geringe gesellschaftliche Akzeptanz der Nutztierhaltung an einer veränderten Haltung unserer Bevölkerung in der Mensch-Tier-Beziehung liegt. Den Bauern selbst und den deutschen Agrarfachleuten ist das offensichtlich bisher noch nicht selbst eingefallen. Den Fachleuten liegen bis heute keine Daten über Anzahl, Größe und Art der vielen Formen der Tierhaltung in den landwirtschaftlichen Betrieben vor. So lässt sich kein statistisch belegbarer Überblick finden über die großen oder kleinen Betriebe, die

Höfe, die sich industrialisiert haben oder jene, die aus der traditionellen Viehhaltung kommend in rationelle Haltungsformen investiert haben. Also lassen sich daraus auch keine Betriebskategorien bilden, die beschreiben könnten, die Tierhaltung dieses Hofes ist prima, akzeptabel oder unzumutbar. Die Tierschutzempfehlungen beziehen sich auf Behörden (EU, Bund, Länder) und Privatwirtschaft, womit Verarbeitung und Handel aber nicht die Bauern selbst gemeint sind. Warum werden diese von den Gutachtern nicht direkt in die Pflicht genommen?

Der Beirat scheint Recht zu haben in seiner Ansicht, es handele sich bei den Landwirten um Akteure, über deren Schicksal andere entscheiden. Dabei stuft in Deutschland das Finanzamt Landwirte als selbständige Unternehmer ein. Veterinärmediziner, die heute ja schon die Aufgabe haben, sich der Gesundheit ganzer Viehherden anzunehmen (Herdenmanagement), müssten lernen, über ihren klinischen Horizont hinaus zu handeln, wie dies die Internationale Organisation für Tiergesundheit (OIE) seit 2012 tut. Kritische Gruppen der Gesellschaft, die sogenannten Multi-Stakeholder-Initiativen (MSI), argumentieren in ihren Sphären am grünen Tisch oft ohne fachliche Kenntnis über die bäuerliche Realität. Diese Gruppen sollen aber in eine Mitbestimmung einbezogen werden. Leider erwähnen die Experten nicht die international akzeptierten Fünf Freiheiten für die Tierhaltung, sondern konzentrieren sich auf praktische Direkt-Empfehlungen für den Alltag in deutschen Ställen: mehr Auslauf, keine Amputationen, reduzierter Arzneimitteleinsatz, gesündere Ställe, neue Zuchtziele, Fortbildung des Personals, etc. Die Agrarwissenschaftler des BMEL-Beirates plädieren zwar für einen reduzierten Konsum von Fleisch, rücken aber nicht von den verhängnisvollen Zielen einer dynamisch globalisierten Marktwirtschaft ab, in welcher der Verkauf der Produkte (Fleisch, Milch, Eier) alleiniger Maßstab für den Erfolg der Bauern ist. Folgerichtig werden die tierischen Exporte weiterhin befürwortet. An dieser Stelle ist die Argumentation dieser Fachleute besonders kontraproduktiv. Diese Empfehlungen können kaum Wege zu einer gesellschaftlich akzeptierten Nutztierhaltung bieten.

Ende 2016 stellte Minister Christian Schmidt, BMEL, sein neues Grünbuch vor. Es markiert ein „Ich habe verstanden" in der deutschen Agrarpolitik. In seinem Vorwort schreibt er: „Der im Nachhaltigkeitsgedanken vereinte Zusammenhang zwischen Wirtschaften, Leben und Bewahren wird [so] zugunsten eines einseitigen, immateriellen Denkens aufgegeben"[34]. Es geht dem Minister darum, die Kritiker der Landwirtschaft, welche fordern, die Bauern sollten nur noch Umwelt-, Natur-, und Artenschutz betreiben, eingebunden werden in eine Politik, die allen gerecht wird. Das BMEL will die flächengebundene Tierhaltung und die regionale Wertschöpfung stärker als bisher unterstützen. Dies bedeutet, dass Tierfabriken, die nicht über eigenes Futter oder eigene Einstreu vom Acker verfügen, nicht mehr uneingeschränkt gewünscht sind. Darüber hinaus produzieren diese Fabriken Seen von Gülle, deren Entsorgung auf eigenen Flächen gar nicht möglich ist und die gegen Gebühr irgendwo anders ausgebracht werden muss. Die dramatische Verseuchung des Grundwassers mit Nitraten in einigen Gegenden Deutschlands vermiest nicht nur unser Trinkwasser, sondern auch unseren Regenwürmern das Leben. 70% aller landwirtschaftlichen Betriebe in Deutschland halten Vieh und erzielen daraus Einkommen. Der Minister für Ernährung und Landwirtschaft stellt eine zunehmende Distanz in den Erwartungen zwischen Verbrauchern und den Bauern fest. Er hofft auf einen intensiven Dialog und gelobt, die Defizite bei Tierwohl, Düngeranfall und Klimaeinrichtungen in den Ställen abzubauen. Eigeninitiativen und Innovationskraft der Branche sollen dabei eine wichtige Rolle spielen: „Deutschland wird Vorreiter beim Tierwohl". Das klingt stark. Im Januar 2017 stellte der Minister auf der Grünen Woche sein staatliches Tierwohllabel vor, das 2018 eingeführt werden soll.

Mich freut, dass sich das BMEL auch vorgenommen hat, „die Tierzuchtziele müssen weiterentwickelt werden. ... Eine einseitig auf Höchstleistung ausgelegte Zucht, die Merkmale wie allgemeine Tiergesundheit, Nutzungsdauer und Robustheit nicht ausreichend berücksichtigt, hat keine Zukunft". Forschung und Entwicklung sollen auch auf diesem Gebiet zu Fortschritten führen. Die berufliche Bildung soll spezifischer auf die Bedürfnisse unserer Haustiere eingehen und Tierhalter ausbilden, die ihre Tiere respektieren und schätzen. „Ein nationaler Tierwohlbeauftragter dient zukünftig als Mittler zwischen den unterschiedlichen Akteursgruppen bei diesem Thema und leitet die Arbeit eines Kompetenznetzwerkes auf Bundesebene." Das liest sich eigentlich gut.

Der Minister fühlt sich auch verantwortlich für einen lebenswerten ländlichen Raum und verspricht „maßgeschneiderte Unterstützung". Es geht ihm dabei um die demographische Entwicklung, die medizinische

Versorgung und Auflösung des Stadt-Land-Gegensatzes. So will er den ländlichen Raum digitalisieren, das ernährungsbezogene Handwerk fördern und dem Ehrenamt Auftrieb geben. Da stehen dann im Grünbuch so starke Sätze wie: „Wer das ehrenamtliche Engagement stärkt, stärkt auch das Land". Über die Bewahrung unserer ländlichen Kultur, aus der wir alle kommen, verliert er kein Wort. Es wäre besser, das BMEL würde sich auf die Landwirtschaft und deren alte Werte konzentrieren und diese versuchen fortzuschreiben.

Jeder vierte Euro, den die deutsche Landwirtschaft produziert, wird durch Exporte verdient. Der Minister will international Verantwortung für die globale Ernährung übernehmen. „Als Land, das über herausragendes landwirtschaftliches Know-how verfügt, trägt Deutschland international zur Sicherung einer gesunden Ernährung, zum Aufbau einer funktionierenden Landwirtschaft und damit zur Beseitigung eines der Hauptgründe für Kriege und Konflikte bei". Das klingt heroisch, wird aber nicht klappen. Nicht direkt, sondern verklausuliert will der deutsche Landwirtschaftsminister seiner Agrarlobby die Exportmöglichkeiten nicht verbauen, im Gegensatz sie weiter fördern: „Eine auf Nachhaltigkeit ausgerichtete Import- und Exportstrategie, die die direkten wirtschaftlichen Kontakte in Entwicklungs- und Schwellenländer stärkt, ist eine Win-win-Situation für alle Akteure. … Unsere Agrarexportstrategie fokussiert sich auf kaufkräftige Gesellschaften innerhalb und außerhalb der Europäischen Union". Auf der Homepage des BMEL vom 11. Januar 2017 werden für das Jahr 19 Geschäftsreisen mit Begleitung durch politische Prominenz und mit finanzieller Unterstützung durch das BMEL angeboten. Das Exportgeschäft bedeutet beispielsweise, dass weiterhin Schweinefleisch aus Massentierhaltungen vor allem Niedersachsens nach China exportiert werden wird, obwohl China selbst schon über mehr Schweine verfügt, als der ganze Rest der Welt. Mit solchen Strategien wird die ganze übrige neue Politik konterkariert.

Massentierhaltung besser nicht: „106.000 Hennen getötet. Eine der größten Keulungen seit Ausbruch der Vogelgrippe H5N8 in Deutschland ist beendet. Alle 106.000 Legehennen in dem von Geflügelpest betroffenen Betrieb in Schwanheide, Mecklenburg-Vorpommern, sind tot"[35]. Die Hennen wurden in ihren Ställen mit Kohlendioxidgas erstickt. Dies ist sicher ein Einzelfall, aber eben ein Großer. Die großen Tierhalter, egal ob von Huhn, Schwein oder Kuh, genießen in Deutschland die besondere Aufmerksamkeit der Politik. In ihre „Fabriken" wurde viel Geld investiert, inklusive Subventionen. „Economies of scale" oder Skaleneffekt nennt der Volkswirt das Prinzip, durch große Produktionszahlen zu niedrigen Stückkosten zu kommen. Man ist stolz auf diese risikobereiten Unternehmer und schützt diese Betriebe beispielsweise dadurch, dass in der Nachbarschaft keine gleichartigen Haustiere, vielleicht sogar in biologischer Haltung frei herumlaufen dürfen. Das Infektionsrisiko wäre zu groß. Die Ställe müssen keimfrei gehalten werden und dies, obwohl man heute auf Antibiotika ganz verzichten sollte. Hinzu kommt das Problem, dass Soja, die aus Lateinamerika importierte wichtigste Eiweißquelle, gentechnisch belastet ist und besser an Hühner, Kühe und Schweine heimlich verfüttert wird. Die verraten ja nichts. Seien wir ehrlich, die gesellschaftliche Akzeptanz ist für dieses Wirtschaften nicht gegeben, es ruiniert den ehemals guten Ruf unserer Landwirtschaft. Großbetriebe wird man auch in den kommenden zehn Jahren nicht schönreden können. Der Bürger oder der Besucher erwartet einen Bauernhof, auf dem der Landwirt mit seinen Tieren in persönlichem Kontakt steht, was bei einer Relation von mindestens 1 : 20.000 (Bauer pro Huhn) oder 1 : 2.000 (Bauer pro Schwein) nicht möglich ist. Viele Bürger erwarten heute eine kleinteiligere Landwirtschaft, und das ist keine vorübergehende Erscheinung. Sicher könnte man auch in Betrieben mit vielen Hennen die Fünf Freiheiten für Hühner weitgehend sicherstellen. Aber müssen es kommerziell so viele sein? Der weltweit bekannte Erfolgsautor E.F. Schumacher hat schon 1973 den Bestseller geschrieben, „Small is Beautiful"[36].

Ein weißes Rind mit wachen, interessierten Augen, den riesigen Nüstern im Flotzmaul und den langbehaarten Ohren schaut den Betrachter vom Titel des Prospektes an. Es trägt die Ohrmarke 12.345 aus BA-WÜ DE OB 123[37], so dass der Kenner sofort weiß, woher das Rind kommt. „Eine Frage der Haltung. Neue Wege für mehr Tierwohl" ist die kleine PR-Broschüre des BMEL betitelt, in der unteren, rechten Ecke heißt es, es tut sich etwas in Deutschland. Die Broschüre macht auch Reklame für das Tierschutzprogramm des Deutschen Einzelhandels „Initiative Tierwohl", für das alle großen Konzerne des Einzelhandels wie ADLI, LIDL, EDEKA oder REWE schon Millionen ausgegeben haben. Die Broschüre bemüht sich um Verständnis bei den Verbrauchern und ist von daher ein Anfang für einen Dialog.

Wir Verbraucher machen zunächst einmal unseren Einzelhändler verantwortlich dafür, wenn etwas mit seinen Produkten nicht stimmt.

Clevere unter ihnen und alle großen, die zusammen mehr als 75% des deutschen Einzelhandelsumsatzes unter sich aufteilen, sorgen vor. Götz Werner, Gründer der DM-Drogeriemarktkette sagt: „Aufgabe des Händlers ist es, Trends zu antizipieren bevor sie ihm auf die Füße fallen". So haben sich EDEKA, ALDI, LIDL, REWE, KAUFLAND, REAL, NETTO, PENNY, und WASGAU zur *„Initiative Tierwohl"* zusammengetan. Für jedes Kilo Fleisch oder Wurst von Schwein, Hähnchen oder Pute zahlen die Händler vier Cent in das Tierwohl-Konto ein. Vom 1. Januar 2015 bis Anfang 2018 werden 255 Mio. EURO für die Initiative eingezahlt worden sein. Verglichen mit den 6,3 Mrd. EURO an jährlichen Agrarsubventionen sind die rund 100 Mio. EURO pro Jahr aus dieser privaten Initiative ein erfreulicher Anfang, von dem wir lernen können. Es wird in den kommenden Jahren bei kaum mehr als 100 Mio. EURO bleiben. Die Verbraucher werden nicht mehr kaufen und der Einzelhandel wird über die 4 Cent pro Kilo nicht mehr drauf legen. Aus diesem Fonds werden Landwirte finanziert, die bereit sind, die Tierwohlkriterien der Initiative, die von Wissenschaft, Verbänden und Landwirten entwickelt wurden, umzusetzen. Dabei werden den Bauern Wahlkriterien gelassen. Sie werden kontrolliert, zertifiziert und laufend überwacht. Bisher haben sich über 3.270 Landwirte der Initiative angeschlossen. Zurzeit gibt es eine ziemlich große Warteliste. Sollten sich sehr viel mehr Bauern entscheiden mitzumachen, werden die Zuschüsse an sie voraussichtlich geringer werden.

Hier ein Einblick in die wichtigsten Kriterien für die Erzeuger. Die Größe der Ställe pro Tier spielt eine zentrale Rolle. Nach Lebendgewicht werden für die Schweine zulässige Stallmindestgrößen definiert. Für ein Schwein von 50-110 kg Lebendgewicht müssen beispielsweise mindestens 0,825qm Buchtfläche gegeben sein. Die Mindesttrogbreiten sind auch genau festgelegt. Automatische Tränken, die von den Tieren durch Druck mit dem Rüssel Wasser spenden, sind unerwünscht. Es muss Saufen aus offener Wasserfläche möglich sein und zwar aus mindestens einer Tränke für 36 Tiere. Scheuermöglichkeiten und „Außenklimaanreize" sind vorgeschrieben. Es werden Richtwerte für Böden, Klima, Beleuchtung, Lüftung, Lärm festgelegt sowie für die Betriebshygiene. Die Einhaltung von Qualitätssicherungs-Maßnahmen, aufgelistet in QS-Leitfäden, werden für die einzelnen Tierarten festgelegt und laufend überprüft. Futter- und Trinkwasserchecks sind obligatorisch. Mastschweine müssen auch die Möglichkeit haben, Raufutter, also Heu, Häcksel, Stroh, zu futtern. Für mindestens vier Wochen muss die Sau ihre Ferkel säugen dürfen. Danach werden die Kleinen in der Regel in andere Mastbetriebe umgesiedelt. Der geplante Produktionszyklus der Sauen muss bei 21 Wochen liegen. „Werden männliche Ferkel kastriert, muss dies bis zum 7. Lebenstag und mit wirksamer Schmerzausschaltung erfolgen". Den Ferkeln muss auch organisches Beschäftigungsmaterial geboten werden. Alle Küken für die Mast von Hähnchen und Puten müssen aus qualitätsgesicherten Betrieben stammen. Auf die Fußballengesundheit des Geflügels soll geachtet werden. Zugang zu Freiflächen und „Frischluftzufuhr" ist zwar gewünscht. Direkte Sonneneinstrahlung gilt es aber zu vermeiden. Falls im Stall der Strom ausfällt, muss die Alarmanlage funktionieren, um den Tierhalter zu mobilisieren, auch wenn er im Gasthaus beim Bier sitzt. Ein gestuftes Bonussystem bietet dem Bauern, je nach gewährtem Umfang für das Wohl seiner Tiere, gestaffelte Vergütungen, die offensichtlich als recht attraktiv gelten. Das Ganze wird von einem Beirat, in dem auch Agrarwissenschaftler sitzen, begleitet und weiterentwickelt, von der Bonner Zentrale aus gesteuert, durch sogenannte „Bündler" regional koordiniert und durch Inspektoren geprüft. Eine umfangreiche Datenbank soll die Ergebnisse sammeln und auswertbar machen.

Strategisch ist die Initiative geschickt eingetütet worden. Da alle Großen mitmachen, gibt es keinen Preiswettbewerb unter ihnen. Sie wissen die 4 Cent pro Kilo Fleisch oder Wurst locker in die Kalkulation einzubauen, ohne dass der Verbraucher dies merkt. Das Programm zielt auf eine schrittweise Verbesserung der konventionellen Haltungsbedingungen ab. Es ist also ein Kurieren an den schlimmsten Symptomen der industriellen Haustierhaltung und keine Reform mit eigenen neuen Zielen. Abgesehen von den geforderten Fortbildungsmaßnahmen für die Tierhalter, ist ein echter Fortschritt für ein neues Verhältnis zwischen unseren Haustieren und den Menschen nicht vorgesehen. Es gibt nur technische Verbesserungen. Die neuesten Forschungsergebnisse über das kognitive Verhalten der Haustiere werden nicht berücksichtigt. Schwein, Huhn oder Pute werden unvermindert als Produktionsobjekt zur Erzeugung von Fleisch und Eiern angesehen. Sie werden nicht als Wesen mit eigener Persönlichkeit behandelt. Die Verbraucher werden nicht etwa eingeladen, sich die Höfe selbst anzuschauen. Dafür sind die Inspektoren und Zertifizierer, die mit technischen Kriterien bestückt in die Ställe gehen, zuständig. Der Spiegel titelte: „Der Schweine-Schwindel"[38] und stellte der der *Initiative Tierwohl* ein vernichtendes Zeugnis aus.

Der Verein gegen tierquälerische Massentierhaltung und gegen die Zerstörung bäuerlicher Strukturen, PROVIEH, wurde schon 1973 von den beiden Schwestern, Bartling, gegründet. „Durch unseren Namen PROVIEH machen wir deutlich, dass wir für das Vieh sind, für eine artgemäße Nutztierhaltung, innerhalb der die einzelnen landwirtschaftlichen Nutztiere in ihrer ganzen Rassenvielfalt in den Stoffkreislauf integriert werden und damit die Grundlage für bäuerliche Familienbetriebe bilden". Inzwischen hat der Verein mit Sitz in Kiel viele Mitglieder aus dem ganzen Bundesgebiet und versucht durch politische Initiativen und Informationen seine Ziele zu erreichen. Die „Multistakeholder Initiative (MSI)" PROVIEH war an der Planung der Initiative Tierwohl beteiligt, wurde dann aber ausgeschlossen, weil der Handel es vorzog, eine „Business Initiative" zu betreiben.

Die *Deutsche Gesellschaft zur Erhaltung alter und gefährdeter Haustierrassen (GEH)* führt noch ein Nischendasein. Ihre Ziele sollten stattdessen ins Zentrum der deutschen Agrarpolitik gestellt werden. Wir brauchen sie alle und wir brauchen sie in der faszinierenden Vielfalt ihrer Rassen. Viel einfacher als auf allen Kontinenten neue, größere Tierreservate für die Wildtiere zu eröffnen und armutsgetriebene Wilderer zu bekämpfen, ist es der bäuerlichen Landwirtschaft erweiterte Perspektiven für die Vielfalt der Bewirtschaftung unserer Höfe zu bieten. Junge Landwirte wie auch Millionen von Konsumenten, die nicht nur billig Fleisch, Eier oder Milch einkaufen wollen, sondern etwas erleben wollen und die Herkunfts-Qualität ihrer Gerichte als wichtig ansehen, wären bereit, als Wähler für eine solche Politik zu stimmen.

Die GEH wurde 1981 gegründet und hat heute mehr als 2.100 Mitglieder. Der Verein behauptet kühn, dass seit seiner Gründung in Deutschland keine Rasse mehr ausgestorben sei. Die Initiative hat bisher Großes geleistet und erheblich dazu beigetragen, dass uns das Bewusstsein für die Vielfalt der regional gezüchteten Haustiere nicht verloren geht. Sie hat immer auch einen wertvollen Beitrag zur Erhaltung der ländlichen Kulturen geleistet. Tierliebhaber mit viel Sinn für und Wissen über die unterschiedlichen Nutzungsformen haben sich intensiv mit ihren regional gebräuchlichen Haustieren befasst. Sie haben diese züchterisch oft über Jahrhunderte so verbessert, dass sie zur Region und den Menschen, die dort leben, passen. Ihre Tierrassen sind daher ein bedeutender Teil der ländlichen Regionalkulturen. So entstanden das Schwäbisch Hällische

Landschwein bei Schwäbisch Hall, das Schleswiger Kaltblut in Schleswig und die Holsteiner Kuh in Holstein. Das Limpurger Rind stammt aus Limpurg und die Italiener waren Hühner, welche in Italien gezüchtet wurden. In unserer globalisierten Wirtschaft hat Tierzüchtung heute keinen lokalen Anker mehr. Viele Bürger erwarten heute eine kleinteiligere Landwirtschaft, und das ist keine vorübergehende Erscheinung. Über 130 deutsche Tierrassen stehen bei der GEH auf der Roten Liste. Sie sind die Sorgenkinder des Vereins. 1995 wurde das Archeprojekt gegründet mit dem Ziel, die vom Aussterben bedrohten Rassen in der landwirtschaftlichen Produktion zu halten und ihnen wie ihren Tierhaltern eine solide Existenz zu sichern. Für die Archehöfe wurden Mindestkriterien zu Größe, Austausch von Zuchttieren und deren Nutzung formuliert. Ein Arche-Dorf kann sich so nennen, wenn mindestens vier Züchter im Dorf sich an dem Projekt beteiligen. Schließlich hat die GEH auch die Arche Region definiert, in der mehrere Züchter auf regionaler Ebene zusammenarbeiten, wie beispielweise in einem Bio-Regionalreservat. Die GEH fördert auch den Austausch zwischen den landwirtschaftlichen GEH-Betrieben und dem Publikum, die sich über die Haltung der Haustiere informieren können. Hierfür wurde der Begriff Arche-Park definiert, bei dem die Öffentlichkeits- und Bildungsarbeit im Vordergrund steht. Anerkannte Arche-Betriebe, die periodisch auch kontrolliert werden, dürfen das geschützte Arche-Logo verwenden.

Der wunderschöne Stuttgarter botanische Garten, die *Wilhelma*, den sich die Herzöge von Württemberg zum Vergnügen geleistet hatten, ist der schönste Zoo geworden, den ich kenne. Er hat seit ein paar Jahren einen Haustierpark, in dem die Besucher Rinder, Schweine, Hühner, Ziegen und Schafe verschiedener Rassen sehen können. In zwei Gehegen können sich Besucher mit den Ziegen und Schafen treffen, sie streicheln, füttern und mit ihnen reden. Dazu stehen Futterautomaten bereit, in welche man 50 Cent wirft und das Futter für die Tiere bekommt, mit dem sie angelockt werden sollen. Beide Automaten funktionieren seit einiger Zeit nicht mehr und die Ziegen kommen nicht mehr ins Mensch-Tier-Gehege, was meine Enkelkinder stets enttäuscht hat. Der Philosoph Precht bedauert, dass unsere zoologischen Orte zunehmend durch Rummel zu Vergnügungsstätten verkommen und schreibt, der Zoo „bediente das millionenfache Bedürfnis von Menschen nach Meditation, Selbstreflektion und Selbstfindung, das heute ständig wächst. Wir brauchen solche Orte der Versenkung statt des Krachs, eine digitalfreie Zone ohne Bildschirm und Wischbewegung, eine kontemplative

Erholungsstätte und nicht zuletzt einen kulturhistorischen und einen philosophischen Ort"[39]. In der Wilhelma gibt es keine Karussells oder Spielautomaten. Der Zoo bietet enorme Chancen, dass Menschen und Haustiere wieder zusammenkommen und wir unser Mensch-Tierverhältnis weiter entwickeln können. Das neue Affenhaus lässt den Menschenaffen so viel Raum zum Spielen und Toben. Es ist bei allen Besuchern beliebt, weil es Einblicke in das menschliche Verhalten der Affen gibt, in denen wir alle uns wiedererkennen. Für mehr Erfahrungen für Tier und Mensch wäre allerdings eine verstärkte, begleitende Haustier-Pädagogik notwendig.

Die gesetzlichen Kriterien für die biologische Landwirtschaft sind erheblich tierfreundlicher als die konventionellen Bestimmungen. Wir sollten daher Öko-Produkte von Bioland, Naturland oder Demeter kaufen, wenn wir mehr für unsere Haustiere tun wollen. In Bezug auf den Platz für ihre Haustiere sind die Ökobauern am großzügigsten. Das Huhn bekommt 0,1 qm Stallfläche + Auslauf, das Rind 4 qm Stall + Auslauf und das Schwein 1,3 qm + Auslauf. Die anderen Siegel sind alle viel knausriger. Bio-Waren kann man heute in Deutschland fast überall kaufen. In Deutschland ist die Nachfrage nach Bio-Waren jedoch deutlich höher als das heimische Angebot. Es muss importiert werden. 2015 sind die Umsätze um 11% auf 8,6 Mrd. EURO gestiegen. Die Zahl der Öko-Betriebe ist dagegen in Deutschland nur um 6% auf 24.700 gestiegen. Zugunsten unserer Bio-Landwirtschaft könnten der Bundesland-wirtschaftsminister und seine Länderkollegen also mehr Dampf machen. Die biologische Landwirtschaft hat einen weiteren, überzeugenden Vorteil, das Futter für die Tiere soll weitgehend auf dem eigenen Hof erzeugt werden. Im Bio-Betrieb sind die chemischen Pestizide, dazu zählen Fungizide gegen die Pilzkrankheiten und Insektizide gegen die Insekten nicht erlaubt. Dies bedeutet für einen diversifizierten Bauernhof, dass sich Fliegen, Mücken und viele andere Kerbtiere wieder vermehren können, was wiederum bedeutet, dass die Schwalben, die Rebhühner und die Frösche wieder auf den Höfen eine Existenzgrundlage finden, was auch bedeutet, dass unser Heimatvogel, der Weißstorch, der bekanntermaßen überaus die Frösche liebt, wieder zurückkommen würde und vieles Ökologisches mehr.

In dem Netzwerk *Solidarische Landwirtschaft*, werden die Verbraucher einzelner Betriebe in die Pflicht genommen, ihre Bauernhöfe meist durch monatliche Zahlungen sowie Abnahme der Produkte zu unterstützen: „Die *Solidarische Landwirtschaft* fördert und erhält eine bäuerliche und vielfältige Landwirtschaft, stellt regionale Lebensmittel zur Verfügung und ermöglicht Menschen einen neuen Erfahrungs- und Bildungsraum. Menschen, die in der Landwirtschaft arbeiten, haben meist nur die Wahl entweder die Natur oder sich selbst auszubeuten. Ihre Existenz hängt von Subventionen und Markt- bzw. Weltmarktpreisen ab. Beide sind Faktoren, auf die sie keinen Einfluss haben und die sie häufig zwingen, über ihre persönliche Belastungsgrenze sowie die von Boden und Tieren zu gehen, oder ganz aus der Landwirtschaft auszusteigen. Auch der ökologische Landbau ist von diesem Mechanismus nicht ausgenommen. Solidarische Landwirtschaft ist eine innovative Strategie für eine lebendige, verantwortungsvolle Landwirtschaft, die gleichzeitig die Existenz der Menschen, die dort arbeiten, sicherstellt und einen essenziellen Beitrag zu einer nachhaltigen Entwicklung leistet." Das Netzwerk betreibt auch auf internationaler Ebene Forschung und bemüht sich um Bildung und die Erhaltung unserer alten, bäuerlichen Kultur. Wie die GEH sollte dieses Netzwerk in die Subventionierung der bäuerlichen Betriebe gezielt einbezogen werden.

Die drei Verbände, Arbeitsgemeinschaft bäuerlicher Landwirtschaft, BUND und der Deutsche Tierschutzbund haben 1988 gemeinsam die *Initiative Neuland e.V.* gegründet. Der Betrieb, der bei Neuland mitmacht, „will jeden Tag einen aktiven Beitrag zum Schutz unserer Lebensgrundlagen leisten, um mit gutem Gewissen die eigenen Erzeugnisse an die Menschen abzugeben. ... Wer Fleisch essen will, muss auch schlachten. Kurze Wege, Ruhe, Achtung vor dem Tier, die eigene Verarbeitung und der exklusive Direktverkauf garantieren Ihnen stets beste und gesunde Fleisch- und Wurstqualität aus der Region"[40]. In Kirchheim/Teck, wo ich lebe, bilden sich jeden Tag, an dem ein Neulandbetrieb von der Schwäbischen Alb seine Waren anbietet, lange Schlangen. Offensichtlich haben die Kirchheimer großes Vertrauen zu dem Neuland-Landwirt gefasst und sich mit dem empfehlenswerten Konzept von Neuland auseinander gesetzt.

Die bäuerliche Direktvermarktung ist ein arbeitsintensives Geschäft. Doch es ist befriedigend, lohnt sich und entlastet unser schlechtes Gewissen gegenüber unseren Tieren. In den letzten Jahren hat die Direktvermarktung auf landwirtschaftlichen Betrieben in Deutschland erheblich zugenommen. Es gibt wunderschöne Hofläden, in denen die Kunden meist ein reiches Sortiment, von dem nicht alles aus dem eigenen Betrieb stammt, kaufen können. Ebenso zählen die Landwirte, die auf den Wochenmärkten mit mobilen Verkaufsständen ihre Waren anbieten, zu den Direktvermarktern. Oft haben sich Direktvermarkter regional zusammengetan, um die Produktpalette breit und attraktiv zu halten. Vielfach sind es Öko-Betriebe. Ein Bauer, der direkt vermarktet, hat täglich Kontakt zu seinen Kunden. Er redet mit ihnen, teilt sein Fachwissen mit ihnen und stellt sich den kritischen Fragen zum Tierwohl. Kurzum, der direkte Draht zwischen Verbraucher und Erzeuger bietet die Chance, dass die landwirtschaftlichen Produzenten sich der Transparenz verpflichtet fühlen und stolz über die Arbeit auf einem Bauernhof berichten können. Kunden der Direktvermarkter sind treu und bereit, höhere Preise zu zahlen. Sie bekommen dafür mit Liebe erstellte Ware und die Zuversicht, dass die Fünf Freiheiten der Haustiere, von denen die Produkte stammen, weitgehend gegeben sind.

In der Nähe der Universitätsstadt Freiburg betreiben Bernd und Manuela Hug den *Baldenweger Hof*. Da gibt es neben einem beliebten Spielplatz einen Laden, in dem viele hofeigene Produkte verkauft werden sowie jede Menge Tiere: Schweine, Rinder, Pferde, Ziegen, Hühner und anderes Geflügel. Man kann die Tiere streicheln, füttern und mit ihnen reden. Die Tiere werden mit hofeigenem Futter gefüttert. Es werden keine Tiermehle, keine tierischen Fette, keine künstlichen Leistungsförderer oder Antibiotika eingesetzt. Der Betrieb beweist, dass man nicht bio-zertifiziert sein muss, um beim Publikum erfolgreich zu sein. Es gibt Hofführungen, Ferienbesuche und Feste. Monatlich wird eine Hofzeitung herausgegeben. Die Hugs achten auf das Tierwohl und man spürt, die Tiere fühlen sich bei den Hugs auf dem weiten Hofgelände wohl. Markant ist der umgewühlte Acker, in dem sich eine Gruppe von lebhaften Schweinen ständig mit ihren Rüsseln betätigt, so dass kaum ein Grashalm mehr darauf zu sehen ist. Du fragst Dich, müssen die Viecher so wüst mit ihrem Stück Land umgehen, da sind sicher schon alle Regenwürmer gefressen worden. Bei schönem Wetter wird der Hof von hunderten Freiburgern mit Kindern besucht.

PETA, die amerikanische Tierschutzorganisation, sagt von sich, sie sei weltweit die größte und konsequenteste Tierschutzorganisation. Die Stuttgarter Deutschlandzentrale schreibt auf ihrer Homepage: „Unser Ziel ist es, allen jungen Menschen zu zeigen, dass Tiere Rechte haben und eine vegane Lebensweise die einzig logische Konsequenz ist. Dafür kämpfen wir mit aufsehenerregenden Aktionen, umfangreichen Informationen und Leidenschaft. Wir haben PETA ZWEI 2003 nach Deutschland geholt, um wie unsere Kollegen in den USA auf Tierrechte aufmerksam zu machen. Dabei orientieren wir uns an den PETA-Grundsätzen: ...

- Tiere sind nicht dazu da, dass wir sie essen.
- Tiere sind nicht dazu da, dass wir an ihnen experimentieren.
- Tiere sind nicht dazu da, dass wir sie anziehen.
- Tiere sind nicht dazu da, dass sie uns unterhalten.
- Tiere sind nicht dazu da, dass wir sie ausbeuten bzw. misshandeln.

Wir setzen uns also für eine rein pflanzliche Ernährung und vegane Kleidung ein und kämpfen gegen Tierversuche, Zirkusse, Zoos und andere Formen der Unterhaltungsindustrie mit Tieren. Außerdem engagieren wir uns dafür, dass Haustiere (PETA meint Heimtiere) nicht bei Züchtern gekauft, sondern aus dem Tierheim adoptiert werden"[41]. Diese Position von PETA gewinnt auch in Deutschland zunehmend Anhänger. Sie fordert eine vegane Lebensweise, die nicht jedem liegt. Für mich und meine Haustiere kommt sie nicht infrage. Sie würde das Aus einer alten Kultur des Zusammenlebens von Haustier und Mensch bedeuten.

Forschung und Entwicklung

Die deutsche Debatte zwischen den Landwirten und Agrarfachleuten auf der einen Seite und den vielen Tierschützern und bäuerlichen Initiativen, auf der anderen Seite dauert an. Es muss noch Einiges geklärt werden, bis die Bauern zu einer gesellschaftlich akzeptierten Tierhaltung kommen. Es fehlt ein interdisziplinärer Forschungsansatz, der neben den landwirtschaftlichen und marktwirtschaftlichen Aspekten biologische, ökologische, soziale und ethische Aspekte einbezieht. Stakeholder sind eben heute nicht nur die Landwirte, sondern auch die Bürger und die Tiere selbst. Es fehlen weiterhin die umfangreichen internationalen Erfahrungen, welche Wissenschaftler und NROs unterschiedlicher Disziplinen heute angesammelt haben und täglich weiter entwickeln. Die Internationale Organisation für Tiergesundheit und Tierwohl (OIE) ist hierfür eine ideale Anlaufstelle.

Das in agrarpolitischen Fachkreisen geschätzte Gutachten des wissenschaftlichen Beirates des BMEL gibt erste Anregungen. Das darin bemängelte Fehlen statistischer Informationen über die unterschiedlichen Formen der Tierhaltung in Deutschland ist wichtig, um zu klaren Erkenntnissen über unsere Höfe zu kommen. Da haben die Gutachter des BMEL Recht. Tierschützer in landwirtschaftlichen Behörden, Verbänden und Instituten sehen in dem Bericht zu mehr Tierwohl einige gute Anregungen. Das Werk beschränkt sich jedoch auf den deutschen Agrarsektor und blendet andere Bereiche wie gesellschaftlichen Wandel, internationale Erfahrungen oder Fortschritte in der Wissenschaft der Mensch-Tierbeziehungen aus. Haben unsere Agrargelehrten die Zeit verschlafen? Haben sie bisher durch ihre Forschung nicht zu noch mehr Industrialisierung und schonungslosen Rationalisierungen in unseren Ställen beigetragen?

Die aktuelle Agrarpolitik ist zurzeit noch nicht in der Lage, die richtigen Antworten zu geben. Sie sucht nach schonenden Auswegen für die Landwirte. Stalltechnik, Züchtung, Marktwirtschaft und Politik haben die große Mehrheit der meisten Tierhalter in Deutschland in eine Situation geführt, die nicht reformierbar ist. Es muss etwas Neues passieren. Das wird bei den gegenwärtigen Preisen besonders für Fleisch (Schweine, Hähnchen) nicht möglich sein. Seit Fukushima hat Deutschland den

Ausstieg aus der Kernenergie geschafft. Wir könnten auch in der industrialisierten Massentierhaltung den „Atomausstieg" schaffen. Folgende Anregungen mögen hierfür weiterführend sein:

Das persönliche Erleben von Mensch und Tier miteinander ist eine enorm bereichernde Erfahrung, über die ich ausführlich berichtet habe. Tier- und Kinderbücher sind voll davon. Ist es nicht verrückt, dass alle Welt sich heute mit der Rückkehr der Wölfe in unseren Provinzen beschäftigt, während das Zusammenleben mit unseren Haustieren droht Geschichte zu werden? Auf der Rückseite der Neuauflage von Alexander von Humboldts „Kosmos"[42] hat der Herausgeber Hans Magnus Enzensberger Argumente zu seiner Aktualität zusammengetragen,, von denen mir Folgende in diesem Kontext wichtig sind: „Humboldt ist als Pionier und Vorbild modernen, wissenschaftlichen Denkens einzigartig. Er war der erste, der ein internationales Netzwerk der Forschung geschaffen hat, lange bevor in Deutschland an eine transdisziplinäre *scientific community* zu denken war. Humboldt hat die Wissenschaft als ein globalisiertes Projekt verstanden... Er hat als Universalgelehrter dem Begriff Bildung ein Gesicht verliehen und vorgemacht, wie wissenschaftliche Erkenntnisse aus dem Elfenbeinturm in das Bewusstsein der Gesellschaft dringen. ... Er war der erste Wissenschaftler, dessen Verständnis der Natur nicht instrumental, sondern ökologisch geprägt war. ... Nur wer, wie Humboldt seine Projekte *con amore* angeht, wird in Zukunft eine Chance haben". Ich denke, dieses methodische Verständnis können wir von unseren Wissenschaftlern heute wieder fordern.

Wir haben in unserer heutigen Wohlstandsgesellschaft mit ihrem überbordenden Angebot an Eindrücken und Informationen einen konzentrierten „Hunger nach Ganzheit"[43]. Wir brauchen einen holistischen Überblick, um uns entscheiden zu können. Deshalb sind die Bücher über unsere Universalgelehrten wie Leibniz oder Humboldt so populär geworden. Die „Kultur der Inklusion"[44] sollte auch unser Wissen über das Zusammenleben mit Haustieren aufgreifen und lebhaft machen. Wir müssen einen Überblick darüber gewinnen, was in den letzten fünfzig Jahren kaputtgegangen ist und was man für die Zukunft von Haustier und Mensch zur gegenseitigen Bereicherung entwickeln kann. Die größtenteils verlorene Kultur des Zusammenlebens von Mensch und Haustier in unseren Landschaften muss dokumentiert werden, um Erkenntnisse für künftige Haltungsformen zu erlangen.

Beim Philosophen und Schlossherren Michel de Montaigne (1533-1592) durften die Katzen offensichtlich bis ins Wohnzimmer. Er hätte sonst die Metapher, dass seine Katze vielleicht noch mehr mit ihm als er mit ihr spielt, nicht erfinden können. Hautnaher Zugang zur Natur ist mit Haustieren am besten möglich. Montaigne hat das Bild, welches ich als Leitspruch für mein Buch gewählt habe, genutzt, um uns klar zu machen, dass wir unsere Mitmenschen nie ganz verstehen. Wir können nur erahnen, was der andere denkt. Dies gilt noch mehr für unser Verhältnis zu allen Tieren, nicht nur den Katzen. Zu diesem Thema ist viel geforscht worden[45] und ist noch mehr Forschung vonnöten.

Bevor wir über die Fünf Freiheiten der Haustiere reden, müssen wir die Ziele ihrer künftigen Züchtung neu festlegen. Sie bestimmt Leistung und Wesen der domestizierten Tiere. Die heutige Tierzucht macht sich bestimmte Mechanismen und Effekte der Vererbung von Merkmalen zunutze, die es erlauben, durch aufwendige Züchtung reinerbiger Elternlinien und deren darauffolgende Kreuzung, Tiere zu erzeugen, die extrem hohe Leistungen bringen. Diese Züchtungsverfahren sind so aufwendig, dass nur finanzstarke Unternehmen die absolut reinerbigen Elternlinien züchten können. Sie haben es sogar geschafft, ihre Ergebnisse patentieren zu lassen. Besonders bei Hühnern und Schweinen hat sich die Hybridzüchtung so bewährt, dass zum Eierlegen, zur Erzeugung von Hähnchen oder von Schweinen sich die industrielle Tierhaltung durchgesetzt hat. Eine Henne, die in der Lage ist, 300 Eier im Jahr zu legen, kann nur als Tochter aus zwei reinen Rassen stammen, die ihren Nachkommen dies gewünschte Merkmal weitergegeben haben. Das gleiche gilt für die schnelle und hochproduktive Mast von Hähnchen und Schweinen. Bei Letzteren ist beispielsweise die Anzahl der Ferkel pro Sau und Jahr (20 und mehr) und das Verhältnis von Futter zu erzeugtem Tierkörper (für ein Kilogramm Fleisch dürfen nicht mehr als drei Kilogramm Futter aufgewandt werden) relevant.

Nun wissen wir beim Menschen, dass Inzucht Erbkrankheiten zur Folge haben und blöd machen kann. Ich vermute, die Hybridzucht hat unsere Haustiere in ihren liebenswerten und wesentlichen Merkmalen so verkümmert, dass diese Kreaturen die erfreulichen Merkmale ihrer Wesen weitgehend oder sogar ganz verloren haben. Ich meine Eigenschaften wie Vitalität, besser gesagt, Lebensfreude, die durch sie und mit ihnen auch der Mensch erfahren kann und damit auch verstehen, welche Bedürfnisse die Haustiere haben und welche Freiheiten sie brauchen.

Neben den mentalen Defiziten, welche die moderne Züchtung unseren Haustieren angetan hat, sind es eine Reihe von körperlichen Leiden, die wir unseren anthropogenen Rassen zumuten. Dazu gehören nach meiner persönlichen Erfahrung und Ansicht, dass die Züchtung dafür Sorge tragen muss, dass zum Beispiel Schweine wie das Pietrain wieder eine gesunde Herzfunktion bekommen und Kühe wie die Holstein-Frisian wieder frei von Qualen gebären können.

Die Erforschung der Verhältnisse zwischen Mensch und Tier ist jung und verspricht weitere, spannende Ergebnisse. Konrad Lorenz fand heraus, dass frisch geschlüpfte Wildgänse das erste Wesen, das sie erblicken, als Eltern erkennen und sei es ein Mensch. Lorenz war das erste Gesicht, das sich um die Waisen kümmerte und die Gössel folgten ihm überall hin. Inzwischen nutzen Biologen diese Erkenntnis, um beispielsweise Zugvögel mit dem Leichtflugzeug in ihre richtigen Winterquartiere zu bringen. Lorenz hat auch den Begriff „Kindchenschema" geprägt. Babys und Jungtiere wirken auf uns und auf erwachsene Tiere süß und schutzbedürftig. Dieses Gefühl in uns ist von großer evolutions-biologischer Bedeutung. Es sichert auch für die Neugeborenen, die sich noch nicht wehren und selbst ernähren können, das Überleben. Dieses Kindchenschema macht sich zum Beispiel auch Walt Disney mit seinen großäugigen Figuren zunutze, sodass auch die hässlichsten Monster geliebt werden. Es ist doch erstaunlich, dass auch erwachsene Haustiere mit menschlichen Kleinkindern behutsamer umgehen und damit beweisen, dass ethisches Bewusstsein tief in der Evolution wurzelt. Wieweit muss man sich von seiner natürlichen Intuition entfernen, dass wir unsere Haustiere ohne Mitgefühl behandeln können? Es sollte uns auch helfen, den Haustieren wieder ihre ursprüngliche Berechtigung in unserer Gesellschaft zu verschaffen.

Können wir von der Säuglingsforschung lernen? Wir Wirbeltiere haben ja vor ein paar Millionen Jahren alle einmal gemeinsame Vorfahren gehabt. Die Entwicklungspsychologin Sabina Pauen von der Universität Heidelberg stellt fest: Das Baby kommt bereits als denkender Mensch auf die Welt. Ab der 24. Schwangerschaftswoche kann das Kind im Bauch von der Mutter lernen. Es erinnert und gewöhnt sich an Geräusche und Bewegungen. Es kann Stimmen erkennen. Das Baby lernt, sich selbst zu kontrollieren und ein Bewusstsein über seine Umwelt und sich selbst herzustellen. Dafür braucht der Säugling Anregungen, doch auch Ruhe. Bei zu vielen Einflüssen verliert es den Überblick und kann sich nicht mehr selbst mental organisieren. In den ersten drei Jahren stellt der junge Mensch die Weichen für seine Zukunft. Dies ist auch für unsere Haustiere denkbar und sollte näher erforscht werden. Küken, die in Brütereien schlüpfen und Kälber, die sofort von der Mutter getrennt werden, leiden wahrscheinlich unter dem Mangel an elterlichem Schutz und Kontakt.

Ein kleines Haustier, das nicht spielen kann, bleibt in seiner Entwicklung zurück. Es gilt das Gleiche wie für unsere Kinder. Ob Küken, Ferkel, Kälber oder Fohlen, sie alle wollen die Welt entdecken und ausprobieren wozu sie als Huhn, Schwein, Kuh oder Pferd später einmal fähig sind und wie die Umwelt auf ihre Spiele reagiert. Hast Du schon einmal gesehen, wie ein Fohlen auf der Koppel, dicht neben der Mutter kleine Bocksprünge macht und ausprobiert, wozu die langen Beine taugen? Hast Du schon einmal gesehen, wie ein Kalb auf der Weide oder im Stall auf- und niederhüpfend sich im Kreise dreht und dabei lebhaft mit dem Schwanz kringelt? Es tut ganz aufgeregt dazu und Besucher aus der Stadt meinen, es handele sich um den Veitstanz, man solle den Tierarzt rufen. Die Ferkel, von Geburt an gewohnt, in der Gruppe zu agieren, lernen laufen, indem sie einander vorwärts stürmend wegdrücken oder in die Seite zwicken. Dabei quietschen sie vor Gaudi und halten nach dem kleinen Getümmel gemeinsam inne, um erschöpft wieder Luft zu holen. Bei den Küken ist dieses Gemeinschaftstoben nicht so ausgeprägt. Sie eilen, nur bisweilen auch gemeinsam, so schnell sie können in eine Richtung, um kurz zu reflektieren und in eine andere Richtung zu sprinten. Fliegen und Mücken sollten sich dann in Acht nehmen. Sie werden von den Küken zwar noch nicht verfolgt, aber geschnappt, wenn sie ihnen gerade in den Weg kommen. Alle kleinen Haustiere laufen wie meine Enkel, sie gehen nie, egal ob es eilig ist oder nicht. Sie haben sichtbare Freude an Bewegung, frischer Luft und sie genießen die Nähe der anderen, möglichst der Eltern. Wenn der Tierphilosoph Peter Singer feststellt, dass Tiere leiden können und daraus ableitet, dass sie menschengleich behandelt werden sollten (Stichwort: Equity), gilt das auch für die Lust derselben am Leben. Indem wir diese Gleichbehandlung – immer artgerecht – zulassen, ermöglichen und so fördern, können wir Erwachsene ähnliche Glücksmomente erleben, wie wir dies mit unseren Kindern empfinden. Die meisten unserer Vorfahren stammen aus bäuerlichen Milieus und sind wie ich gemeinsam mit den Tieren aufgewachsen. Es geht mir also weniger um unsere Pflichten als Erfüller von Tierrechten, sondern um die Befriedigung, ja die Freude zu sehen, wie unsere Tiere glücklich sind.

Im Alter lässt der Spiel- und Bewegungsdrang bei uns wie bei den Haustieren nach. Sie werden gelassener, bequemer und würdiger. Das kann ja aber nicht bedeuten, dass die Haustiere, wenn sie älter werden, dumpfer, uninteressierter oder geistloser werden. Sie lassen ihre Gefühle wie wir Menschen auch, nur nicht so erkennen, wie die Kinder. Der kanadische Soziologe Erving Goffman ist mit seiner These „wir spielen alle Theater" berühmt geworden. Wir Erwachsene bemühen uns alle gegenüber unseren Mitmenschen darum Eindruck zu schinden. In Gestik, Mimik und Kleidung zeigen wir unseren Status oder geben uns witzig, besonders kunstfertig und versuchen in der einen oder anderen Weise unseren Mitmenschen das Gefühl zu geben, dass wir ganz tolle Typen sind. Dies scheint bei uns Menschen ein Normalverhalten zu sein und nicht nur ein Verhalten von den Platzhirschen unter uns. Der Förster Peter Wohlleben schreibt in seinem Buch „Das Seelenleben der Tiere" Ähnliches über Hähne und Hunde.

Die Forschungsmethode „Teilnehmende Beobachtung" lässt sich sicher auch auf uns und unsere Haustiere übertragen. Diese wissenschaftliche Methode der Sozialanthropologie wurde durch Bronislaw Malinowski durch Forschungen bei indigenen Völkern in der Südsee in der ersten Hälfte des letzten Jahrhunderts begründet. Magret Meads Publikationen hat sie weltweit bekannt gemacht. Die Methode besteht in der aktiven Teilnahme des Forschers am Leben der Menschen, seines Forschungsgegenstandes. Dabei ist es wichtig, zwischen Nähe (Identifikation mit den untersuchten Menschen) und Distanz (Aufarbeitung der wissenschaftlichen Erkenntnisse über sie) zu unterscheiden. Die teilnehmende Beobachtung erlaubt es, in das Wesen und Denken der Menschen, die in ganz anderen Kulturen leben einzudringen und sie zu verstehen. Warum sollte man die Methode in der ethologischen Forschung nicht auf Tiere anwenden, um mehr über sie zu erfahren und sie besser kennen zu lernen? Charles Foster hat es versucht und darüber ein populäres Buch geschrieben[46]. Er hat versucht, sich in den Dachs, den Otter, den Fuchs, den Rothirsch und den Mauersegler hineinzudenken. Warum hat er es nicht mit den Haustieren versucht? Meine Kindheit und Lehre mit den Haustieren sind keine teilnehmende Beobachtung gewesen, sondern einfach gemeinsames

Leben und damit Identifikation mit meinen Haustieren. Verhaltensforscher könnten viel Wissen daraus ziehen, wenn sie mit ihren Forschungsobjekten zusammenleben würden und sie nicht nur unter Labor- und Versuchsbedingungen beobachteten.

Können Kühe Kinder schützen? Asthma und Allergien haben enorm zugenommen und sind vor allem für die urbane Bevölkerung zur Plage geworden. Erika von Mutius, Chefin der Asthma- und Allergieambulanz an der LMU München, hat mit ihrem Forschungsteam in mehreren Studien nachgewiesen: wer als Kind viel im Kuhstall spielt, schützt sich aktiv vor der Anfälligkeit für Asthma und Allergien. Kinder von Bauernhöfen, vor allem solchen, auf denen Kühe leben, atmen mit dem Hofstaub Zellwandbestandteile verschiedener Bakterien, sogenannte Endotoxine ein, was die Immunabwehr anregt und Allergien vorbeugt. Unter anderem hat man bei den aus religiösen Gründen in traditioneller Landwirtschaft lebenden *Amish People* in den USA festgestellt, dass ihre Kinder keine Allergien und kein Asthma haben. Sowohl der Aufenthalt im Stall als auch der Konsum von Rohmilch ergeben zusammen den schützenden Effekt. Auch dies ist eine wichtige Erkenntnis, die gegen die industrialisierte, isolierte Haltung von Haustieren spricht.

In Paris habe ich mich mit Mr. Ayoshi, Generalsekretär des International Chinese Cooperation Committee of Animal Welfare (ICCAW) getroffen. Wir wollten gemeinsam die World Organisation of Animal Health and Research (OIE) besuchen. Die OIE residiert in einem alten Palast mitten in Paris und ist weltweit nicht nur für die Tiergesundheit, sondern auch für die richtige Haltung der Haustiere zuständig. Vor mehr als fünfzehn Jahren hat die Organisation in enger Kooperation mit vielen Wissenschaftlern begonnen, einen „standard setting process for animal welfare" zu entwickeln mit dem Ziel, dem Tierwohl internationale Anerkennung zu verschaffen. Dabei sollen die Bemühungen der einzelnen Länder, darunter auch Deutschland, miteinander harmonisiert werden. Die OIE stellt fest:
- Die Tiergesundheit ist eine wichtige Komponente des Tierwohls
- Das Tierwohl ist eine multikulturelle und vielschichtige Herausforderung.
- Die supranationale Entwicklung von Standards durch die OIE bietet eine gemeinsame Basis für das weltweite Tierwohl.

Von den Ergebnissen weltweiter Forschung kann auch Deutschland profitieren und sollte sich mehr mit der OIE austauschen. BMEL und der Einzelhandel mit seiner Initiative Tierwohl sind weit davon entfernt, sich auf diesen internationalen Prozess einzulassen.

In einem OIE-Beitrag fordern die beiden britischen Wissenschaftler Wermeltsfelder und Mullan die Entwicklung von objektiven Indikatoren, um die Fortschritte im Tierwohl zu messen[47]. Ihnen ist wichtig, dass im Rahmen einer Systematik praktische Indikatoren der Tierbeobachtung definiert und validiert werden und Langzeitprotokolle die Ergebnisse der Beobachtung nachprüfbar festhalten. Haustiere können negativ oder positiv auf ihr Umfeld, besonders auf ihre Betreuer reagieren. Neben quantitativen Indikatoren müssen qualitative Indikatoren getestet werden, beispielsweise beim Verhaltensentwicklung eines Tieres oder einer ganzen Gruppe im Stall (*„expressivity of the whole animal"*). Die OIE empfiehlt die Orientierung an den Fünf Freiheiten, die in Deutschland methodisch noch nicht aufgegriffen werden.

Die beiden australischen Wissenschaftler Coleman und Hemsworth haben ausführliche Untersuchungen über das Werkverhältnis von Viehbetreuern und deren Wirkung auf das Tierwohl gemacht und auch die Ergebnisse anderer Wissenschaftler in ihre Analyse einbezogen[48]. Wesentliches Ergebnis ihrer Untersuchungen ist die Bedeutung des ruhigen Umgangs der Menschen mit den ihnen anvertrauten Tieren. Alle Haustiere, ob Pferd, Kuh, Schwein oder Huhn wollen in Ruhe gelassen werden. Sie können zum Stressabbau nicht ins Fitnesscenter fliehen oder den Fernseher anschalten. Die Hochschule Nürtingen verfügt im Bereich Pferde- und Landwirtschaft über ein Labor, in dem Speichel und Kot von Tieren auf Stressindikatoren hin untersucht werden können. Solche Untersuchungen zeigen: Schlagen, Antreiben, laute Rufe oder Lärm und hektische Bewegungen machen die Tiere ängstlich oder aggressiv, auch wenn dies nicht unmittelbar erkennbar ist. Streicheln, Kraulen, behutsam mit warmen Händen melken schätzen die meisten Haustiere. Die Tiere müssen sich an ihre Betreuer gewöhnen, das heißt Vertrauen zu ihnen aufbauen. Stimme, Bewegung und die Form, wie wir die Tiere ansprechen, werden empfindsam wahrgenommen. Neue Betreuer lösen zunächst für das Tier die Fragen auf, was der Neue will und welches Verhältnis zu ihm oder ihr aufgebaut werden kann. Nach Coleman und Hemsworth sind es drei Faktoren, welche im Umgang mit Haustieren wichtig sind: Die persönliche Qualifikation der Tierpfleger, ihre Bereitschaft die Haustiere artgerecht zu betreuen und die technischen Möglichkeiten, welche die Ställe der Tierhaltung bieten. Der Umgang mit den Haustieren will gelernt sein. Die Tierhalter müssen über die natürlichen Bedürfnisse ihrer Tiere, deren Gesundheit und Fruchtbarkeit und ihr Verhalten zu den anderen Tieren, mit denen sie Stall und Weide teilen, informiert sein und entsprechend geschult werden. Auf das quantitative Verhältnis zwischen Pfleger und Tieren gehen die Forscher nicht ein. Wie viele Mastschweine, wie viele Sauen oder wie viele Milchkühe sollte ein Bauer optimalerweise versorgen und wie viel Zeit sollte er täglich dafür aufwenden? Neben dem Futter und den sonstigen Haltungskosten ist die Arbeit der wesentliche Kostenfaktor in der Tierproduktion. Sicherlich gilt, dass mehr Zuwendung mehr Tierwohl zur Folge hat, aber auch teurer ist als die mechanisierte Massentierhaltung. In der Türkei, Thailand und in Holstein konnte ich feststellen, dass Frauen mit Tieren, vor allem Kühen, Hühnern und Schweinen wesentlich behutsamer, aufmerksamer und fürsorglicher umgegangen sind. Sie erkennen schneller als Männer, wenn eine Kuh sich unwohl fühlt oder krank ist und wann sie zum Bullen geführt werden sollte.

Häufig können wir Massentieraufkommen in der Natur beobachten. Zusammen mit der Familie habe ich fast vier Jahre in Afrika, in Botswana mit seinem unermesslichen Tierreichtum gelebt. In den Makgadikgadi-Salzpfannen haben wir auf einen Blick tausende zartrosa Flamingos gesehen, die gemeinsam mit dem Schnabel kopfüber im flachen Brackwasser nach Nahrung suchten. Der Blick auf die fahle Landschaft mit der spiegelnden Wasseroberfläche davor ist überwältigend. Dreihundert Kilometer nördlich konnten wir am Fluss Chobe in der Abendsonne mehr als 100 Elefanten beobachten, die gemeinsam in der endlosen Flussebene grasten oder sich im Fluss badeten. Dein Herz geht auf. Du fühlst Dich verbunden mit den vielen Tieren und der schönen Landschaft, eins mit der Natur. Du staunst und bist dankbar. Ähnliche Gefühle mögen auch Dich überkommen, wenn Du über Frankfurt oder einer anderen großen Stadt im Abendlicht den Schwarm von mehreren tausend Staren beobachtest, die den Himmel verdunkelnd in großen Bögen durch den Abendhimmel fliegen, um sich dann auf einer passenden Gruppe von Schlafbäumen nieder zu lassen. Warum überkommt uns dieses glückliche Staunen nicht, wenn wir in einen Stall kommen, in dem 20.000 Hühner ein paar Wochen eingepfercht sind, um als Broiler geschlachtet auf die Märkte zu kommen? Diese Vögel sind nicht frei.

Mediziner werden in der Regel Ärzte, weil sie Patienten heilen wollen. In den siebziger Jahren kam in Afrika auf 120.000 Einwohner ein Arzt (heute ist es nicht viel besser). Ein fleißiger Hausarzt in Deutschland erarbeitet pro Quartal 1.800 Scheine, die er bei seiner kassenärztlichen Vereinigung einreicht, damit diese veranlasst, dass die Krankenkasse den Arzt bezahlt. Da ein Afrikaner grob geschätzt nur einmal im Jahr den Arzt sieht, könnte dieser nach deutschen Normen pro Jahr 4 x 1.800 Patienten = 7.200 Patienten betreuen. Da ist individuelle Diagnose und Therapie kaum möglich. Tropenmediziner haben über dieses Dilemma nachgedacht und den Begriff *„Statistical Compassion“*[49] in die Diskussion gebracht. Ein Arzt hat in der Regel den einzelnen Patienten und nicht die Gesamtheit aller zu Betreuenden im Blick. Wie können wir angesichts großer Zahlen von Kreaturen Fürsorge und Verantwortung empfinden und dadurch nicht nur aus rationalen Gründen, sondern aus persönlicher Betroffenheit handeln. Ein Haustier hat Augen, Mund und Nase wie wir. Wenn es Dich anschaut, löst dies Reflexe bei Dir aus, wie die in einer vertraulichen Gesprächsrunde. Wenn Du dies Erlebnis mit einem Tier gehabt hast, kannst Du es auf alle Kühe, Pferde, Hühner oder Schweine übertragen. Zugegeben bei den Regenwürmern klappt dies nicht so gut. Die Forschung muss uns weitere Erkenntnisse dazu liefern, wie wir durch *Statistical Compassion* weiterkommen, ohne damit für die Massentierhaltung zu plädieren. In Heuerstubben hatten wir ohne Ferkel, Küken und Jungvieh circa 150 Haustiere. Davon hatten nur die Pferde und die Kühe einen Namen. Alle anderen gehörten aber auch als Partner zum gemeinsamen Hofleben. Heute hingegen hat sich auf der einen Seite die anonyme Massentierhaltung und auf der anderen Seite die Einzelhaltung von Heimtieren in den Städten etabliert.

In Europa und Deutschland wird zurzeit viel Geld und Forschung zur Nachhaltigkeit des ländlichen Raumes aufgebracht. Der Urbanisierung soll entgegengewirkt werden und das Land lebenswert erhalten werden. Der Politik ist daran gelegen, etwas für die Menschen zu tun. Natur und ihre Tierwelten kommen dabei nur am Rande vor. Forschung und Budgets sollten auch ihnen gewidmet werden.

Die chinesische Provinz Shanghai und ihre benachbarten Provinzen sind ein gigantisches Ballungszentrum, wie es in dieser Dichte und

Industrialisierung kein anderes gibt. Ich habe die Region, größer als Bayern, bereist, und habe kein einziges Feld, geschweige denn ein Tier gesehen, überall Straßen, Hochhäuser mit 20 bis 50 Stockwerken und Fabriken. Dazwischen immer wieder viele alte Leute und Kinder. Am Wochenende ins Grüne zu fahren ist für sie viel zu weit. Es bleiben ihnen gepflasterte Spiel- und Gymnastikplätze und ein paar Parkanlagen mit asphaltierten Wegen, ohne Haus- oder Wildtiere. Diesen Kindern bleiben Monster und andere Plastiktiere mit den auch uns bekannten grotesk riesigen Augen, um Fürsorgegefühle zu mobilisieren. Sie werden vielleicht nie ein leibhaftes Tier sehen. Chinesen lieben Tiere wie wir. Sie haben eine alte Tierkultur mit vielen Geschichten und Bildern. Jedem Jahr wird in China der Name eines Tieres gewidmet, 2017 ist das Jahr des Hahns. Für meinen Freund Ayoshi von der chinesischen Tierschutzorganisation bleibt noch viel zu tun.

Wege zur gesellschaftlichen Akzeptanz

Agrarpolitik, Agrarwirtschaft und der Einzelhandel sind mit ihren Bemühungen um mehr Tierwohl in unseren Ställen weit davon entfernt, den Vorstellungen der engagierten Interessenvertreter, neudeutsch Stakeholder, zu entsprechen. Gesellschaftliche Akzeptanz kann nicht ohne ihre Billigung erreicht werden. Die Kritik an der industrialisierten Massentierhaltung in Deutschland hat die Medien erreicht. Sie nimmt laufend zu. Daran ändert auch der gesellschaftliche Widerspruch nichts, dass wir Verbraucher tierischer Produkte unvermindert die extrem niedrigen Preise für Fleisch, Eier und Milch schätzen und der Konsum dieser Waren weltweit enorm steigt. Zwar nimmt der Konsum von Bio-Produkten hierzulande besonders zu, doch längst nicht in dem Maße, dass diese Nachfrage über den Markt Wirkungen auf die Mehrheit der Haustiere haben könnte. Das staatliche Tierwohl-Siegel und private Nachhaltigkeitsstandards werden als dürftiges Kurieren an den Symptomen verstanden. Solange der Bundeslandwirtschaftsminister immer noch den Export von Fleisch fördert – Deutschland ist der größte europäische Exporteur auch beim Fleisch - bleibt er, was das Wohl der Haustiere betrifft, unglaubwürdig. Gesellschaftliche Akzeptanz ist nur im Zuge eines mehrjährigen Prozesses der gemeinsamen Annäherung der eingangs erwähnten Kontrahenten zu erreichen. Hierfür sollten vorerst nicht quantifizierte Ziele als grobe Orientierung definiert werden, die heute noch utopisch anmuten müssten. Die OIE und ihre weltweit aktiven Wissenschaftler gehen dabei mit gutem Beispiel voran. In Einzelbeispielen werden sie auch in der bäuerlichen Praxis in Deutschland schon längst umgesetzt.

Zu Themen wie Atomausstieg, Klimawandel oder auch Reproduktionsmedizin hat der Soziologe Ulrich Beck in seinem Buch "Metamorphose"[50] die Sackgasse beschrieben, in welche Gesellschaft, Wirtschaft und Politik geraten können. Man ist ratlos und weiß nicht weiter. Man kann sich die Zukunft nicht mehr vorstellen. Beck führt dies auf unser nationales Denken in den alten Strukturen von Politik, Wirtschaft und etablierter Gesellschaft zurück. Die Globalisierung, die Digitalisierung und das Internet haben unser Denken längst von den Landesgrenzen befreit. Beck nennt das alte Denken, welches auch unsere Debatte über das Tierwohl in Deutschland bestimmt,

„methodologischen Nationalismus". Die Entscheidungsträger der Staaten müssen wahrnehmen, dass wir heute in einer „Weltrisikogesellschaft" [51] leben und entsprechende globale Lösungsmöglichkeiten finden müssen. Während Beck die ältere Generation als „Neandertaler" bezeichnet, sieht er die Jungen mit ihren Smartphones als „Homo cosmopolita"[52]. Beck stellt weiterhin fest, „dass die Unterscheidung zwischen Natur und Gesellschaft an ihr Ende gekommen ist... Der ungesehene Nebeneffekt der Vergesellschaftung der Natur ist die Vergesellschaftung der Naturzerstörungen und -gefährdungen, ihre Verwandlung in ökonomische, soziale und politische Widersprüche und Konflikte"[53]. Auch die Deutschen sollten also nicht mehr wie die Pawlow'schen Hunde auf unsere deutschen Tierställe schauen, sondern den globalen Dialog beginnen.

Die Freiheiten unserer Haustiere können nicht über produktorientierte marktwirtschaftliche Prozesse mit Fleisch, Eiern oder Milch geschaffen werden. Die Haustiere selbst sind Thema der Auseinandersetzung. Auch für sie und mit ihnen gibt es marktwirtschaftliche Lösungen wie einzelne der oben genannten Initiativen zeigen. Unsere Gesellschaft hat längst begonnen, sich mit ihrem Schicksal zu befassen. Den Betrieben, die bereit sind, oder verpflichtet wurden, genormtes Tierwohl zu praktizieren, sollte nicht nur monetär, sondern auch gesellschaftlich geholfen werden. Sie sollten eingebunden werden in den wichtigen Prozess der Gestaltung unserer ländlichen Kultur und Landschaften. Das übliche Verfahren der Agrarpolitik, den Landwirten Vorgaben im Rahmen bürokratischer Prozesse zu machen und bei Erfüllung Subventionen zu zahlen, muss abgelöst, zumindest ergänzt werden. Im Rahmen von Best Practice Ausschreibungen wird die Kreativität der Betriebsleiter mobilisiert. Dabei sollten die lokalen Stakeholder, die Tierfreunde der Höfe, einbezogen werden. Politik, Wissenschaft und Landwirtschaft tun gut daran, mit den Verbrauchern zusammen zu arbeiten. Besonders in unseren Städten haben viele Bürger eine grundsätzlich ablehnende Haltung gegenüber der Agrarpolitik und deren Bemühungen, die Verhältnisse auf unseren landwirtschaftlichen Betrieben zu verbessern, eingenommen. Dabei spielt Unkenntnis mit, wie Landwirtschaft heute funktioniert und welchen Beitrag sie zur Erhaltung unserer Kultur, Landschaftsgestaltung und Versorgung heute leistet. Unter den Bürgern, den Verbrauchern, den Tierfreunden, die in der Nähe der engagierten Höfe leben, gibt es viele, die zur Teilhabe motiviert werden können.

Der Soziologe Richard Sennet stellt fest, Zuhören ist Voraussetzung für Kooperation[54]. Er plädiert nicht für Solidarität oder Fürsorge, sondern für Teilnahme und Kooperation. „Solidarität ist die traditionelle Antwort der Linken auf die Übel des Kapitalismus gewesen…. Im Westen wächst der Abstand zwischen Elite und Masse, den Mitgliedern dieser Gesellschaften fehlt es an einem gemeinsamen Schicksal"[55]. Im Sinne von Sennet sollten jene Bürger, die sich bisher an der Debatte um Tierwohl nur mit Kritik beteiligt haben, aktiv einbringen mit mitgestalten. Viele Enttäuschte und Frustrierte, die keine Möglichkeit sehen, sich in gesellschaftliche Prozesse einzubringen, können im Dialog für diese wichtige Aufgabe gewonnen werden. Da es in diesem Falle um Tiere und nicht um Menschen geht, wird die Zusammenarbeit aller sozialen Schichten unserer Gesellschaft leichter fallen. Die Haustiere würden sich darüber freuen.

Die nicht immer erfolgreiche internationale Entwicklungshilfe bemüht sich seit den neunziger Jahren mit den gesellschaftlichen Kräften vor Ort zusammen zu arbeiten. Wir können davon lernen. Ein landwirtschaftlicher Betrieb, der bereit ist, mit seinen Tierfreunden auf lokaler Ebene zusammen zu arbeiten, bildet den *Hot Spot Animal Welfare* und plant gemeinsam mit seinen Stakeholdern, was noch fehlt, die gesellschaftliche Akzeptanz zu vervollkommnen bzw. auf eine gemeinsame Basis zu stellen. Die Umsetzung des Plans kostet Geld, wofür neben Eigenleistungen in der Anlaufphase staatliche Subventionen oder Sponsoren gewonnen werden müssen. Die Medien werden eingeladen, über den Hot Spot zu berichten. Die Forschung wird eingeladen, das Konzept zu prüfen und zu perfektionieren. Es findet überregionaler, ja internationaler Austausch zwischen den Hot Spots statt. Wenn solche Hot Spots das Tierwohl gesichert haben, gesellschaftliche Akzeptanz gegeben ist und ein solches Projekt auch noch wirtschaftlich ist, können die Beteiligten stolz darauf sein.

Annen voran hat die Weltbank, Lead Agent in Sachen internationaler Entwicklungshilfe, ein Verfahren der Kooperation mit lokalen Nichtregierungsorganisationen (NRO) entwickelt[56], welches sich weltweit bewährt hat. In Bezug auf die Umsetzung von Tierwohl-Standards könnten daraus abgeleitet folgende Schritte unternommen werden, um Interessenten auf lokaler Ebene, die sich für die Haustierhaltung engagieren wollen, in die Planung und Begleitung von Umsetzungsprozessen einzubinden:

- Die Interessengruppen, sei es, dass sie aus dem einem oder anderen Grunde schon bestehen oder dass sie sich neu bilden, werden eingeladen sich an den Höfen, die ihren Tieren Freiheit gewähren möchten, durch Planung und Beteiligung bei der Umsetzung des Prozesses zu engagieren.
- Diese Gruppen werden ausführlich evaluiert und sie werden ausgewählt und ihr Beteiligungsrahmen mit klaren Kriterien festgelegt.
- Es ist wichtig, das Organisationsvermögen und die Bereitschaft, sich zu engagieren, klar vorab erkennbar sind.
- Weiterhin wird festgelegt, welche Möglichkeiten der Weiterentwicklung der Organisation besteht und worin diese liegen sollten.
- Wichtig ist, dass in diesem Auswahlprozess weitest gehende Transparenz gesichert wird.
- Der Zeitaufwand für die beteiligten Gruppen sowie deren Flexibilität muss bestimmt werden. Daraufhin muss festgestellt werden, welchen Finanzierungsbedarf die Gruppe hat, die sich nicht nur ehrenamtlich einbringen kann.
- Die ausgewählten lokalen Nichtregierungsorganisationen sollten ein konstruktives Verhältnis zu Behörden und Wissenschaft pflegen.
- Sie sollten verpflichtet werden, sowohl den Tierhöfen, wie auch den Behörden und Wissenschaftlern ausführlich über ihre Beiträge zu berichten.
- Die finanzierende bzw. supervisierende Behörde schließt einen Kooperationsvertrag mit der NRO ab.
- Die NRO wird auch dabei unterstützt, sich mit anderen NROs auch auf internationaler Ebene zu verständigen und den Erfahrungsaustausch zu pflegen.

Die internationale Debatte dringt auf „Ownership". Es gibt keine gute deutsche Übersetzung für diesen Begriff. Den verantwortlichen Betriebsleitern ist die Freiheit ihrer Haustiere ein eigenes Anliegen. Ich gehe davon aus, dass viele Landwirte, die Haustiere haben, gern mehr für ihre Tiere tun würden, wenn dies für sie wirtschaftlich ist. Sie sind es leider durch die Agrarpolitik mit ihren oft irreführenden Anreizen gewohnt, erst dann zu handeln, wenn ihnen die entsprechenden Subventionen geboten werden. Die Agrarbehörden sind heute eher Bestimmer und Kontrolleure der Bauern. Die auf Turbo abzielende Agrarpolitik und Subventionierung hat Nutztierproduzenten gezeugt, denen

Berichtspflichten, Gülletermine und –Limits sowie Stallgrößen, etc. vorgeschrieben werden. Florian Schwinn hat das schöne Buch geschrieben, „Tödliche Freundschaften. Was wir den Tieren schuldig sind und warum wir nicht ohne sie leben können"[57]. Darin beschreibt er einige Landwirte, die ihren Tieren verpflichtet sind und mit großem Aufwand vorbildliche Lösungen des Tierwohls umsetzen.

Wer sorgt dafür, dass die Kriterien für Tierwohl, welche immer das auch sind, eingehalten werden? Hierfür braucht es, sobald staatliche Subventionen fließen, Kontrollen und Prüforgane. Eine Lösung sind Evaluierungssysteme. Externe, unabhängige Fachleute werden alle zwei bis drei Jahre in die Betriebe geschickt und prüfen, was von den vorgegebenen Zielen umgesetzt worden ist, was falsch gelaufen ist und wie man es besser machen könnte. Dafür werden ihnen zwei bis drei Wochen eingeräumt. Diese Praxis hat den Vorteil, dass man intensiv mit den Verantwortlichen vor Ort eine grundsätzliche Bestandsaufnahme durchführt und mit den Managern gemeinsam die nächste Planung für die kommenden zwei, drei Jahre macht. Ich selbst war fast 20 Jahre Berater, Evaluierer und Planer von deutschen und internationalen Entwicklungsprojekten und bin zu dem Ergebnis gekommen, dass die Verfahren große Vorteile haben. Die Realität der Entwicklung, besonders in Afrika, hat aber auch gezeigt, dass Evaluierungen allenfalls einen unterstützenden Beitrag zur Erreichung von Projektzielen leisten können. Ganz wesentlich sind die Wirkungen, die vom Projektmanagement, im Falle der Haustiere vom Betriebsinhaber ausgehen und die er letztlich zu verantworten hat (Ownership).

Weitaus häufiger und auch in der Landwirtschaft gängige Praxis sind Auditierungen. Im ökologischen Landbau sind dies Öko-Kontrollstellen, private Unternehmen die von Naturland, Bioland oder Demeter beauftragt zertifizieren. Über die Tauglichkeit dieser externen Zertifizierungen sind international Zweifel aufgetaucht. Da die Prüfer nicht beratend oder gemeinsam mit den Managern vor Ort planen, leisten sie keinen direkten Beitrag zur Verbesserung des Managements und der betrieblichen Praxis. Audits sind Momentaufnahmen in Hinsicht auf die Stallbesuche, Feldbegehungen u.ä., die Dokumente werden aber retrospektiv für den Zeitraum seit dem letzten Audit geprüft. Prognosen, gemeinsame Planung mit den Betriebsleitern oder Beratung sind nicht Sache von Audits.

Personalqualifizierung: Welchen Einfluss haben die Menschen, die täglich die Haustiere betreuen, auf das Tierwohl? Die Deputatarbeiter von Heuerstubben waren den ganzen Tag mit ihren Tieren, den Pferden, den Kühen, den Schweinen zusammen und haben mit ihnen und für sie gearbeitet. Die verschiedenen Tiere und ihre jeweiligen Betreuer hatten sich so aneinander gewöhnt, dass diese Zusammenarbeit in großer Ruhe, ohne Stress, beiden Seiten gefallen hat. Zwischen Mensch und Tier gab es tiefe Vertrauensbeziehungen. Solche Mensch-Tierbeziehungen sind in den hektischen Zeiten von heute kaum mehr möglich, insbesondere wenn nicht der Betriebsinhaber selbst sondern sein Personal die Tiere betreuen. Agnes Przewozny hat in einer Analyse über Milchviehbetrieben in Brandenburg den Stress beschrieben, dem Mensch und Tier häufig ausgesetzt sind[58]. Menschen, die sich an Gestaltungsprozessen zu Tierwohl und Tierfreiheiten beteiligen, sollten im Umgang mit den Schweinen, Kühen, Hühnern oder auch Ziegen, Schafen oder Pferden geschult werden. Pferdehöfe bieten sich hierfür als Modell an. Sie gibt es überall in Deutschland und ihre Freunde, auch viele Kinder, haben den Umgang mit ihren Lieblingen gelernt und richten sich nach den Regularien der Pferdewirte.

Der Kleine Prinz kam von einem winzigen Planeten auf dem es nur eine Rose gab. Sie hatte versucht, ihn ganz für sich einzunehmen. Die anspruchsvolle Schöne wollte einzigartig sein. Er hat ihr seine ganze Liebe geschenkt. Doch als der Prinz auf die Erde mit ihrer ganzen Vielfalt kam und den Fuchs traf, meinte dieser: „Hier ist mein Geheimnis, es ist ganz einfach: man sieht nur mit dem Herzen gut. Das Wesentliche ist für die Augen unsichtbar"[59]. Auch wir müssen uns mit allen vertraut machen und unsere Empathie allen Tieren widmen.

Dank

Mein herzlicher Dank gilt meiner Lektorin Agnes Przewozny vom Grünen Lektorat in Berlin.

Quellen und Anmerkungen

[1] Precht, Richard David, Tiere Denken. Vom Recht der Tiere und den Grenzen des Menschen, München 2016, S.21

[2] Precht, Richard, David, a.a.O., S.267

[3] Die OIE ist keine UN-Organisation, aber eine internationale Organisation, die von 180 Staaten getragen wird. Sie wurde nach Ausbruch der Rinderpest im Jahre 1924 auf Veranlassung der World Trade Organisation (WTO) gegründet und hat die Aufgabe, Tierkrankheiten, die durch den internationalen Handel verbreitet werden, zu bekämpfen. Heute sind alle Tierseuchen meldepflichtig an die OIE. 2012 hat die OIE begonnen, Standards für das Tierwohl zu entwickeln und in ihren Mitgliedstaaten umzusetzen.

[4] BMEL, Verordnung zum Schutz landwirtschaftlicher Nutztiere und anderer zur Erzeugung landwirtschaftlicher Produkte gehaltener Tiere bei ihrer Haltung (Tierschutz-Nutztierverhaltungsverordnung – TierschNutztV).

[5] http://webarchive.nationalarchives.gov.uk/20121010012427/http://www.fawc.org.uk/freedoms.htm

[6] Der Soziologe Ulrich Beck nennt diesen Vorgang Metamorphose, einen historischen Wandel, dessen Nebenfolgen nicht abschätzbar sind.

[7] Stuttgarter Zeitung vom 31.3.2017

[8] Stuttgarter Zeitung vom 20.12.2016

[9] Brehm, Alfred Edmund, Der Grosse Brehm, Band IV, Der Hausstorch, S.266.f

[10] Lori, Marino, Thinking chickens: a review of cognition, emotion, and behavior in the domestic chicken, Animal Cognition 3/2017, Springer Verlag Heidelberg

[11] Wer mit dieser Intensität wie Delphine sich in Tiere hineindenkt, sie in ihrem Wesen, Fühlen, Denken genau erkunden will, dem empfehle ich das Buch von Charles Foster, „Der Geschmack von Laub und Erde". Foster unternimmt den kühnen Versuch, sich in das Leben von Dachsen, Füchsen, Ottern, Rothirschen und Schwalben hinein zu versetzen und ahmt ihr Leben nach. Das gelingt ihm nicht vollständig, führt aber zu erstaunlichen Erkenntnissen.

[12] So hießen die damaligen dörflichen Vollsortimenter, die alles führten, was der Hof selbst nicht erzeugte: Gewürze, Öle, Spülmittel, Wäscheklammern und andere Kurzwaren. Es war nach dem Krieg noch ein Laden, in dem die Ware kaum mit Verpackung verkauft wurde. Man brachte seine Tüten, Kisten oder Krüge zum Abfüllen mit. Das Duale System hätte kein Geschäft mit uns und Maas gemacht.

[13] Lexikon Redaktion, VEB Bibliographisches Institut Leipzig, Schlag Nach Natur, Leipzig 1954 S. 94

[14] Als Knick definiert das Land Schleswig-Holstein einen an alten ehemaligen Grenzen landwirtschaftlicher Nutzflächen oder zur Kompensation von Eingriffen in Natur und Landschaft angelegten Erdwall, der mit vorwiegend heimischen Gehölzen, Gras- oder Krautfluren bewachsen ist. Der Randstreifen, also die Fläche beidseitig des Erdwalles, zählt dabei zum Knick. Auch ein unbepflanzter

Erdwall fällt unter die Bezeichnung Knick, ebenso ein- oder mehrreihige Gehölzstreifen zu ebener Erde.

[15] Schweinsäuglein wirken listig und gewitzt. Sie sind gegenüber dem Kuhauge keine Schönheit. Als unser Lateinlehrer meinen Sitznachbarn in der Klasse das Kompliment machte, „Du hast wunderschöne Kuhaugen", ein Schönheitsideal der alten Griechen, erntete mein armer Freund schadenfrohes Gelächter aus der Klasse.

[16] Stuttgarter Zeitung vom 16.11.2016

[17] Ludwig, August (Hrsg.), Unsere Bienen. Fritz Pfenningstorff Verlag für Sport und Naturliebhaberei, Berlin 1909

[18] Brehms Tierleben bearbeitet von Wilhelm Bardorff, Der große Brehm Band IV, Vögel gemäßigter Zonen. Safari Verlag Berlin 1964 S.185 f.

[19] Bekoff, Marc und Jessica Pierce, Sind Tiere die besseren Menschen? Stuttgart 2017

[20] Hartmann, Martin, Die Praxis des Vertrauens, Berlin 2011, Kap. 10.1 Tiere S.287ff

[21] A.a.O. S.294

[22] Schumpeter, Alois, Theorie der wirtschaftlichen Entwicklung, Ort, Verlag 1912

[23] Friedman, Milton, Free to Choose, Middlesex 1980

[24] Compte-Sponville, André, Kann Kapitalismus moralisch sein? Zürich 2009

[25] Sandel, Michael J., Was man für Geld nicht kaufen kann. Berlin 2012

[26] BMEL, Bundesministerium für Ernährung, Landwirtschaft und Forsten, Agrarbericht 2015, Einführung durch den Minister

[27] A.a.O. S.9

[28] Wulf, Andrea, Alexander von Humboldt und die Erfindung der Natur. München 2016, S.210

[29] Küster, Hansjörg, Geschichte der Landschaft in Mitteleuropa, Von der Eiszeit bis zur Gegenwart, München 1995 S.354ff.

[30] A.a.O. S.371

[31] Hessel, Stéphane, Engagiert Euch, Berlin 2011 S.17

[32] BMEL, a.a.O. Agrarbericht 2015 S.8f.

[33] http://www.bmel.de/SharedDocs/Downloads/Ministerium/Beiraete/Agrarpolitik/GutachtenNutztierhaltung.pdf

[34] BMEL, a.a.O., Grünbuch, Dezember 2016

[35] Stuttgarter Zeitung vom 2.2.2017

[36] Schumacher, E.F., Small is Beautiful. Economics as if People Mattered. London 1973

[37] Nach Vorgaben des BMEL/EU muss jedes Rind, welches vermarktet werden soll, eine Ohrmarke tragen, auf dem Land und Region, Betriebsnummer und die individuelle Nummer des Rindes eingetragen sind.

[38] Der Spiegel, 18/2017 S.70

[39] Precht, Richard David, Tiere Denken, a.a.O., S.414

[40] Prospekt vom Hofladen Betz, Laichingen, www.neuland-betz.de

[41] www. PETAzwei.de, Stuttgart 2016

[42] Humboldt, Alexander, Kosmos. Entwurf einer physischen Weltbeschreibung, Frankfurt 2004

[43] Rödder, Andreas, Eine kurze Geschichte der Gegenwart. München 2015, S.388

[44] Ebenda

[45] Eine gute Übersicht über das soziale Verhalten von Tieren (ohne die Haustiere extra zu erwähnen) gibt: Bekoff, Marc und Jessica Pierce, Sind Tiere die besseren Menschen? Stuttgart 2017

[46] Foster, Charles, Der Geschmack von Laub und Erde. Wie ich versuchte als Tier zu leben. Malik, Berlin, München 2017

[47] Wermeltsfelder, F. und S. Mullan, Applying Ethological and health Indicators to practical animal welfare assessment. In: Animal Welfare. OIE, Vol.33(1) 2014 S.111-120

[48] Coleman, G.J. and P.H. Hemsworth, Training to improve stockpersons beliefs and behaviour towards livestock enhances welfare and productivity. In: Animal Welfare Focusing on the Future. OIE Vol.33(1) 2014

[49] Werner, Heinecke, Basisgesundheitsdienste in ländlichen Regionen von Entwicklungsländern. Frankfurt 1977 S.48f

[50] Beck, Ulrich, Die Metamorphose der Welt, Berlin 2017

[51] Beck, Ulrich, Die Metamorphose der Welt, Berlin 2017, S.19

[52] A.a.O. S.253

[53] A.a.O. S.62f

[54] Sennet, Richard, Zusammenarbeit. DTV, München 2014

[55] A.a.O. S.373

[56] World Bank Operations Policy Department, Working with NGOs, Washington 1995

[57] Schwinn, Florian, Tödliche Freundschaften. Was wir den Tieren schuldig sind und warum wir ohne sie nicht leben können. Frankfurt 2017

[58] Przewozny, Agnes, Reproduktionsmanagement in Milchviehbetrieben. Berlin 2011

[59] Saint-Exupéry, Antoine, Der Kleine Prinz. Karl Rauch Verlag 2015